ことが起きたときには、「この本質は何

起きたことは本質ではない。それは現象

だから、ことが起きたときには、それ

か」と考えることが大切なのである。

かある。

質は違う。

の本質は何

はじめに

なぜか、いつもイライラしている人がいる。

なぜか、いつも人を批判している人がいる。

なぜか、いつも心配ばかりして解決のための行動を起こさない人がいる。

こういう人は、実は別のところに本当の理由があることがほとんどである。


いつも激しい怒りで、「あいつは許せない」という人がいる。

実は、怒りの本当の原因は、「あいつ」ではないことが多い。

本当は別の「あいつ」が許せない。しかし、その「あいつ」が強い。

そこで、憎みやすい人の些細《ささい》なことを取り上げて、「お前は許せない」と攻撃性の置き換えをする。

「攻撃性の置き換え」とは、ある特定の人への攻撃性が、別の人へ置き換えられることである。

「彼女の不安を処理しようとする主な方法は攻撃と敵意の仕返しをすることである。[註1]」

本当の怒りの原因になっている人に仕返しをするならいいが、ときにお門違いな人に仕返しをしている人が多い。

悩みや嘆きというのは、対象無差別な攻撃性である。

なぜ、「攻撃性の置き換え」をするのだろうか？

攻撃性の本当の対象を認識できないのには、もちろん原因がある。

そして、その原因を取り除かないかぎり、人は「攻撃性の置き換え」を続ける。

「攻撃性の置き換え」は、自分が怖《おそ》れている近い人への怒りに直面することから、自分を守ってくれる。

たとえば、上司との勝負を避けて妻を非難することにしがみつく男がいる。上司とは勝負できないという真実の問題から自分の神経症的自尊心を守ってくれるのが、妻への非難である。

憎むことが危険な人への憎しみは、憎んで危険のない人への憎しみに置き換えられる。

「攻撃性の置き換え」によって、自分の心の問題から逃げているかぎり、本当の攻撃の対象には立ち向かわないですむ。しかし、その道の最後はデッド・エンドである。

どのようなトラブルであっても、どのような怒りであっても、「この問題の核心は何か」ということをつかまなければ、真の解決にはならない。

「この人が嫌い」というとき、本当に憎しみをもっている人は「この人」ではなく、違う人であることがある。

心理的にラクをしたいから、あえて本当の憎しみの対象を見ないで、別の人に

「攻撃性の置き換え」をする。
「置き換え」とは、ある受け入れがたい感情や欲求を、より受け入れやすい関連のある対象に振り向けることである。

この本ではまず、この「攻撃性の置き換え」について多くの視点から具体的に考えていく。

次に、現在付き合っている人とのトラブルの本質は、実はその人との関係の問題ではなく、その人と関係のない、過去の人間関係の未解決な問題が移し替えられていることがある。未解決の過去の人間関係が、今のトラブルの真の原因であることが多い。この問題について考えていく。

加藤 諦三

平気で他人を攻撃する人たち◉目次

第1部　攻撃性を置き換えてしまう人

第1章　「攻撃性の置き換え」とは

第2章

攻撃的になる人の心理

第3章 関係の貧困が生む問題

第4章 自責のややこしさ

第5章 意図が見えにくい攻撃

第6章 標的にならないためには

第2部 トランスフォームする人

第1章

「過去に囚われる」とは

第2章 人生で戦うべき戦場

第3章 私固有の人生をつくる

第1部

攻撃性を置き換えてしまう人

第1章「攻撃性の置き換え」とは

不満から目をそらしている人は危険

攻撃は、「欲求不満の原因とみなされた対象にむけられることがあるかと思うと、全然無関係なものに置きかえられること」[註2]もある。この「攻撃性の置き換え」について、アメリカの精神科医ジョージ・ウェインバーグは「母親を叩《たた》きたい少女は、その代わりにいつも兄の欠点を見つける」と解説している。

上司に不満なビジネスパーソンが、上司との勝負を避けて妻を非難する。

夫への不満を、子どもの受験に置き換えている奥さんもいる。

攻撃性の置き換えは、全然無関係な人に攻撃を向けるという特徴が問題なのである。

「攻撃が制止されたときにあらわれる置き代えの傾向は、いろいろな研究領域で広く観察されている。[註3]」

親にとって、攻撃性を置き換えやすい子がいる。その子は、いつも攻撃される。そういう「周囲の人の攻撃性の掃きだめ」になってしまう人がいる。

夫に一言も文句を言えない奥さんが、夫への怒りの感情を子どもに置き換える。しつけと称して子どもをいじめる。

食後の洗い物をしている娘に「洗い方が下手だ」と騒ぐ。いじめやすい娘がお茶《ちゃ》碗《わん》を洗うと、母親は吠《ほ》えるように娘を叱る。怒る理由もないのに、激しく怒る。

夫婦関係の攻撃性の問題は、いじめやすい子にしわ寄せがいく。いじめやすい子をいじめることで、夫婦間の疑似平和は保たれる。

優しい子どもをいじめているかぎり、親はお互いに夫婦間の不和から目をそらしていることができる。

欲求不満な人のほうが、他人に対して非好意的態度を示す。[註4] イェール大学のジョン・ドラードの本に出ている例では、次のようなものが挙げられている。

赤帽がその場ですぐに間違えずに、釣り銭を渡さなかった。それを厳しくとがめた少女がいた。その朝、彼女は下宿の主人に対して激しい怒りを経験したが、彼に対するあらゆる攻撃的傾向は完全に抑制されていた。

「はっきりした理由がないのに突然爆発的に多量の攻撃が現われて、表面的にはどう解釈してよいのかわからぬ場合にも、それを攻撃の置き代えによって説明できる場合が沢山ある。[註5]」

心のバランスを保つためにいじめる

攻撃的傾向行動は弱いところに置き換えられていく。たとえば、夫からひどい扱いをされても抗議ができない奥さんは、優しい隣人を怒鳴る。隣の奥さんをいじめて心のバランスを保つ。

弱い者いじめは人間の一般的な傾向である。だから、不当な攻撃には戦うことを忘れてはならない。

不当な攻撃に対してひとたび屈すると、こちらがノイローゼになるまで攻撃される。多少極端な言い方をすれば、死ぬまでいじめられる。不当な攻撃をされたときには、「私はここで死ぬか、戦うか」の選択をしなければならない。

この攻撃性の置き換えは、人間だけではない。闘争的に訓練された二匹のネズミを近くに置けば、闘争をはじめる。一匹をセルロイド製の玩具のネズミに置き換えても、セルロイド製のネズミと闘争をする。[註6]

攻撃性の置き換えとサディズム的傾向が合体すると、ひどいいじめが生じる。

深刻な劣等感に悩む者は、弱い者を嘲笑することで、自分の心的葛藤を解決する。

「常に学校の悪口をいう保護者は、夫婦関係がうまくいっていない」といった先生がいた。それはあることだと思った。夫と違って、敵意をもっても自分の身にとって危険のない学校に、夫への敵意を置き換えることは十分ある。

隣の家に敵意をもつ場合も同じである。

夫婦関係がうまくいっていない。夫への憎しみは、ときに隣人に置き換えられる。

自分の家の人間関係がうまくいっていれば、隣の家の改築工事を放っておける。

自分の家の人間関係がうまくいっていないと、隣の家が改築されて良くなることを放っておけなくなる。

隣の家の息子が有名大学に合格すれば、気に入らない。隣の家の亭主が出世しても気に入らない。失敗すれば嬉《うれ》しい。

地価というのは、駅に近いほうが高いようだが、住居選択のもっとも重要な要素は、隣の家の夫婦関係である。

うわべはいい人のふりして隠れＤＶ

いったん親しくなると、まったく別人のようになる人がいる。「新婚旅行のときから、夫は別人になった」と嘆く奥さんもいる。

外の人に対しては卑屈なほど迎合し、言いなりになり、自分の当然の権利を放棄し、してあげる必要のないことまでもしてあげる。

そして、自分の一番近い配偶者などに対しては、凶暴になる。相手の人間性を認めない。常に周囲の人の犠牲になることを、当然のように要求する。

それは実は、外の人に対する敵意を抑圧して、それを一番近くて安全な配偶者に置き換えているのである。

この「外面が良くて、内面が悪い夫」をジョージ・ウェインバーグ流に解説すれば、「上司や同僚を叩きたい夫は、その代わりに妻につらく当たる」となる。

外では気が弱くて自己主張ひとつできないくせに、家では凶暴な夫になる。そういう男性がたくさんいる。

そのように凶暴な夫は自分の父親を憎んでいるか、上司を憎んでいるか、母親を憎んでいるか、それとも小さい頃からの友だちを憎んでいるか、誰かを憎んでいるのであろう。

しかし、それを自覚するのが怖い。そこで、自分を見捨てない配偶者に、その怒りを置き換えるである。だからこそ、外で弱い夫は、家で凶暴になるのである。

ラジオの「テレフォン人生相談」を担当しているとつくづく感じるのは、日本の夫には、このタイプがあまりにも多いということである。

奥さんからすれば、「あんなに外の人に気を遣うのに、どうして私にはその百分の一も気を遣ってくれないのかしら」という嘆きになる。

それよりも、「どうしてあんなに不必要なまでに、外の人に対しては、自分のことを譲ってしまうのだろう」ということでもある。

そのような夫は、妻に聞いてみると、皆相手の期待に応えるために自分をどこまでも犠牲にする。とことん自分を犠牲にして、相手の期待に応えようとする。

その極端な自己犠牲タイプの人間が、ひとたび奥さんに対すると、極端な攻撃的自己主張型に変わる。

奥さんの言葉でいえば、「ひとたび私に対すると、突然人が変わって、なんで凶暴な自己中心性を発揮するのだろう」という疑問になる。

あそこまで気が弱く自分のことを譲ってばかりいる人が、「なんで突然、相手に極端なまでの犠牲を当然のこととして要求してくるのだろう」という疑問になる。

「憎むことが危険な人」への憎しみは、「憎んで危険のない人」への憎しみに置き換えられる。

ずるい人に利用されやすい人は、自分を愛してくれる人を憎む。愛してくれる人は、優しくて怒りを置き換えやすいからである。憎みやすいから憎む。

もちろん、男性が女性に替わっても同じである。

現実を直視できないゆえの行動

自分が直面する本当の問題から目をそらすのは、攻撃性の置き換えばかりではない。

人は、自分が解決しなければならない本当の問題をブロックするために、いろいろなことを持ち出す。しかし、それが将来、苦しみをもっとひどくする。

夫婦関係の老後の不安を、息子夫婦の不和でブロックする人もいる。「孫が心配」と言って騒ぐ。老後の不安から目をそらすためである。

「息子さんももう立派な大人なのだから、少し放っておいたら?」と言うと、「親が子どもや孫を心配するのは、当たり前でしょう、あなたはそれでも人間ですか?」と怒る。「孫が心配」と言っていれば、将来の老後の不安から目をそらしていられる。

自分を不安に陥れている問題を直視し、解決する。それが、成長した大人の態度である。

オーストリアの精神科医アドラーをはじめ、多くの先人が言うように、「苦しみは救済と解放」をもたらしてくれるが、なかなか実行はできない。現実を直視するという苦しみが救済と解放につながるが、直視する気力がないことが多い。

現実否認が、気がつかないうちに少しずつ事態を悪化させる。

苦しみから逃げると、さらに大きな苦しみに陥る。

苦労がないことが、幸せなことではない。

ものすごい搾取タイプの夫婦がいた。夫婦そろって搾取タイプの人である。この夫婦が血縁関係の人や隣人を一緒になって搾取しているかぎり、夫婦関係は壊れない。お互いの間の葛藤が、周囲の人の犠牲で解決されている。

しかし、いったん周囲の人が搾取を拒否すると、夫婦関係は途端に破綻する。

これは、個人の間でも同じである。自分の心のなかの葛藤を、他人を生け贄《にえ》にすることで解決している人がいる。

抑圧された怒りは浮遊していき、どのようなことにも結び付く。関係のない人の、そのときの言葉と結び付いて、それに怒りを感じる。

しかし、問題は相手の言葉ではない。抑圧された後に、その人の心の底に浮遊していた怒りである。そのときの怒りは、単なる症状で、起きていることの本質ではない。

結び付かれたほうは、餌食である。次々と心理的におかしくなる。アルコール依存症になったり、引きこもりになったり、自律神経失調症になったり、不登校になったり、うつ病になったりと、いろいろな問題を起こす。

憎しみの抑圧がそうさせる

置き換えられた攻撃性が、変装して表れることも多い。

ある主婦が、「もし私が死んだら、夫はどうなるかと思うと、毎日いてもたってもいられない」と言った。本当は両親が憎い。その攻撃性を抑圧していた。

攻撃性の置き換えをおこなったうえで、その攻撃性を心配という形で、間接的に表現する。そうなると、ますます問題の背後にある本質がわかりにくくなる。

置き換えられた攻撃性が悩みに変装すると、さらにわかりにくい。しかし、それを正しく理解することが、問題解決と健全な心の回復への道である。

「人々に対する攻撃的な行動の背後に、献身に対する憧れが失望したことが隠れていることも稀ではないし、また事物に対する破壊の背後に、意味への意志が妨げられていることがあることも珍しくはない。[註7]」

これは、ひねくれた人によく見られることである。ひねくれた人は、よく人に絡む。執拗《しつよう》な嫌がらせをする。

ひねくれた人は、自分が相手に絡んでいるだけだということには気がつかない。

「八つ当たり」という言葉がある。これは、他人から見て八つ当たりなのであって、当の本人はまさに当たっている人に腹を立てているのである。これは、怒りの置き換えである。


奈良県田原本町でこんな事件が起きた。

父親は医者。高校一年生の息子が、自宅に火をつけ、寝ていた母親らを一酸化炭素中毒で死亡させた。

父親は病院の集中治療室にならって、子どもの部屋を「集中勉強室」と名付けていた。子どもは勉強でいつも叱られ、殴られたという。これは父親の攻撃性の、息子への置き換えである。

長男は、父親を殺そうとして夜、寝ているときに部屋の前まで行くが、気づかれてやめた。

弟と妹をよく世話する優しい子だったという。これは、憎しみの反動形成的行動である。なぜなら、いつも祖父母の家に行って帰らなかったという。本当に弟と妹が好きなら、祖父母の家から帰ってくるだろう。祖母が病気になったときに、「おばあちゃんが死んだら僕は駄目になる」といったそうだ。

保護された京都府警察下鴨警察署で、「好きで信頼していた父から殴られ続けて恨むようにもなった。暴力をふるわれ、家族を殺そうと思っていた」と申立書を書いた。［註8］

しかし、その後の調べで、「弟と妹には恨みはなかった」と供述している。殺して憎しみの感情がはけて、優しくなったからである。

依存の対象である父親に殴られて、父親を憎むのは当然である。そして、その父親への憎しみが家族に置き換えられて、「家族を殺そうと思った」のであろう。

殺して憎しみの感情がはけて優しくなった。もともとは、別に家族に憎しみがあるわけではない。

したがって最後には、「なんで殺したのかわからない」となる。

第2章　攻撃的になる人の心理

なぜ突然、豹変《ひょうへん》するのか

ことさらにあることを取り上げて、その人を憎むことがある。些細なことを取り上げて、その人に対して「許せない」と怒る。

それほど大きなことではないのに、不釣り合いなほどその人を憎む。そういうアンバランスな感情の動きがよくある。

その怒りが相手のしたことと不釣り合いに大きいときには、要注意である。

そんなときには、多くの場合「攻撃性の置き換え」であるか、加えて自己憎悪の積極的外化である。積極的外化とは、自分が自分に向けている憎悪を他人に向けることである。

小さい頃から、周りの人の言いなりになって生きてきた人は多い。文句を言いたくても文句を言えなかった。やられっぱなしの人生だった。

大人になってから考えると、「なんであそこまで言いなりになって生きていたのか、理解できない」と思う。遠慮がちな大人でも、小さい頃を考えてそういう気持ちが強いことがある。

自分の当たり前の権利を主張してもいいのだが、それができない。大人になって、自分の過去をそう感じてから、しみじみ自分の人生を振り返ると、過去の人生はまことに不本意な人生であることが理解できる。

そのときの周りの人たちのことを思い出すと悔しい。しかし、意識しているのは「悔しい」という思いだけである。

その「悔しい」のさらに奥にあるものがある。そういう場合も多い。それは、「そんな自分の弱さを許せない」という気持ちである。自分の不甲斐《ふがい》なさに対する怒りである。それはなかなか意識に上がらない。

あんな卑怯《ひきょう》な人たちに振り回された自分の弱さが残念である。あの人たちを許せないが、同時に自分の弱さも許せない。その自分を許せないという感情が自己憎悪である。

そして、その「自分を許せない」というときの自己憎悪の感情を、さらに外化して「あの人が許せない」になることがある。

「あの人が許せない」という感情の原因はいくつもある。

あるとき、「ある人」と何か些細なことがあると、今までの長年にわたって蓄積されたさまざまな悔しい気持ちを「ある人」に向かって一気に放出することがある。

そうすると、その事柄に不釣り合いなほどの激しい怒りを表す結果になる。

それは、自分自身を含めて、いろいろな人に対する積年の恨みつらみを「ある特定の人」に向かって放出しているのである。それが、その場に不釣り合いなほどの激しい怒りである。

相手はそれほどひどいことをしていないのに、「あいつを許せない」という激しい怒りをぶつける。実は怒りの本当の原因は、今目の前にいる「相手」ではない。少なくとも、その相手一人が原因ではない。

過去から長いこと蓄積されてきた「隠された怒り」が限界にきている。そして、ある人のある事柄で、怒りの山に火がついたのである。

子どもの喧嘩《けんか》でキレる親

子どもの喧嘩なのに、親の喧嘩にしてしまう親がいる。

子ども同士は好きなのに、すぐに親が飛び出すからおかしくなることがある。親が攻撃性の置き換えをすると、子ども同士の喧嘩が、子ども同士の喧嘩でなくなる。

ある四十歳の女性は、「息子が友だちのゲーム機を壊していないのに壊したことにされた」と言い張る。

単なる子どもの玩具を壊した、壊さないということである。それだけのことを

「目撃者がいる」だの何だのと社会的事件のように言う。

被害者の子の父親は、その怒っている母親の子のほうが悪いと逆なことを言う。そうしているうちに、その母親が、「相手の父親が私を脅している」と、周囲の人に言いふらしてしまった。

その母親は、学校の先生にも文句をいいに言った。怒りの矛先は、学校の先生にも向いている。

その母親が言うには、「このようなことは今回だけではない。前は、私の息子は玩具をもってこいと言われた」という。

学校の先生は、相手の親には何も言えない。先生の立場からすれば、子どもは学校で楽しければよい。この場合には子どもは楽しいのに、母親は怒っている。先生はまともに扱ってくれない。先生は笑った。それがこの母親には気に入らない。

この怒っている母親は、「うちの息子は学校で突き飛ばされて怪我《けが》をさせられる。この子は、やられぱっなしだ」などの不満を延々と言う。

この母親は、息子に過去の自分を投影している。母親自身が小さい頃、このように侮辱されたのである。

今は、自分の過去の蓄積された侮辱を、自分の息子を通して晴らしている。昔の恨みまでが、子どもの喧嘩を口実にして、別の人への攻撃に置き換えられる。

そうしているうちに、保護者たちのなかで、「あのお母さんは怖い」ということになってしまった。そして、攻撃性の置き換えをして怒っている母親は、人間関係で孤立してしまった。

誰からも相手にされない淋《さび》しさ。そのときに、「なぜだろう」と考えれば、道は拓《ひら》ける。しかし、この母親にはそれだけの心のゆとりがない。

ますます不満は募るし、ますます孤立していく。

貧しくても幸せな人はいるが、孤独で幸せな人はいない。

この母親の夫は優しいが、奥さんに無関心である。

夫の趣味はパチンコである。子どもが、「行かないで」と泣きながら言っても行ってしまうのだと母親は言う。

それを夫の母親に言っても、ここでもまともに相手にしてくれない。周囲の人に息子の喧嘩について、「正義の怒り」を振りまくが、誰も真剣に相手にしてくれない。

これだけ欲求不満の塊だと外で働ける心理状態ではない。その母親は、次第に自分の世界に閉じこもりはじめた。

この悩んでいる母親は、自分の親からも褒められたことがない。小さい頃から、褒められた体験がない。今でも誰からも褒められない。

この母親の今の怒りの反応は、四十年という長年にわたって積もり積もった悔しさに火がついている状態である。

今までの四十年にわたる人間関係のなかで押し込められてきた屈辱の体験が、今起きたことを通して表現されてきている。

過去を清算できていない人ほど泥沼に

人はなかなか今を生きられない。過去のある時期で生きることが停まっている人は多い。

多くの人は過去の清算ができていないままで今を生きている。体は今にあるが、心は過去にある。

この母親が、そこを理解しないで、そのときどきに起きたことに、過去に蓄積された怒りで反応しているとどうなるか。悔しさで、最後は自閉的な世界に閉じこもることになりかねない。

この母親から見ると、悪いのはすべて周囲の人なのであるが、次第に「あの人、問題の人なのよ」となって、周りから孤立していく。

この母親が今までの蓄積された怒りを処理するのは容易なことではない。しかし、放っておくわけにはいかない。

放っておいて、いつも些細なことで怒り散らしていては、どんどん周囲の人を自分から遠ざけていく。先に書いたようにどんどん孤立する。それは、人間にとってもっとも恐ろしい心理状態である。

心の習慣にしろ、体の習慣にしろ、習慣を変えることは並大抵なことではない。病院に行って薬をもらってきて錠剤を飲むというような簡単なことではない。

では、どうするか。たとえば、悔しいことをとことんメモにする。それを燃やしたり、水に流したり、なんでもよいが、そういった儀式をする。このような儀式は、意味がないように思えるが、大切である。

とにかく体を動かす。物をたたきつける。安いお皿を壊す。「もったいないな」と思うかもしれないが、悔しさは一時的ではあるが、解決していく。

悔しさをメモした紙をちぎっていく。自分のメモの悔しい気持ちも、ゴミ箱に捨てる。

もう一度言うが、この儀式はそれなりに意味がある。悔しさに囚《とら》われている人は、たいてい体を動かす習慣がない。

とにかく体を動かす。休日には郊外に出かける、自然に接して歩く、走る、飛び跳ねる、腕を伸ばすこと。

そして、大空と自分に向かって、「自分はこんなに素晴らしい」と、声に出して言ってみる。

そして、「なんで自分は、自分についてあんなに否定的な自己イメージに支配されてきたのだろう」と考える。

今まで、我慢して我慢して、がんばってがんばって生きてきた。「これ以上、何をしろというのだ？」というほどにつらい人生を生きてきた。しかし、「ここまで努力して生きてきたのに！」と叫ぶと、同時に「なぜこうなったか？」と考えることがある。

それは、「なんで自分はあんな根拠のない自己否定的なイメージに支配されて生きてきたのだ」ということである。

何よりも先に、今までの自分の人間関係を振り返ることである。今の欲求不満な自分は、今までの悪い人間関係の結果である。

しかし、その人間関係をつくってしまったのは自分自身である。自分の弱さが、自分の周りに質《たち》の悪い人を引き寄せてきてしまったのである。

そして、溜《た》まった怒りに今は、もう手がつけられなくなっているだけである。

今の自分が変わらないで、「幸せにしてくれ」と叫んでも無理である。

弱さを認める人は強い。

「なんで？」と考えることが、弱さを認めるきっかけになる。

ただ怒っているだけでは、ますます質の悪い人ばかりが周囲に集まる。それはいわば、心の酸欠状態である。新鮮でいきいきした人が周囲には集まらない。

「子どものため」は攻撃の絶好の合理化

子どもの喧嘩なのに、母親が弾丸のように飛び出して親の喧嘩にする例をすでに述べたが、子どもをダシにして、親が攻撃性の置き換えをする例は他にもいくらでもある。

その攻撃性の置き換えをしている親自身は、自分の本当の怒りを意識していない。この無意識の怒りは、口実を見つければどのようなことにでも結び付いてしまう。そのときのその人の言葉と結び付いて、それに怒りを感じる。しかし、問題は相手の言葉ではない。恐ろしいのは、抑圧されたまま吐き出されないでいる怒りである。

子ども同士は楽しく遊んでいるのに、なぜ親が子どものことで喧嘩をするのか。実は夫への怒りが隠された真の原因であることもある。夫婦関係が問題ということも多い。

隠された夫婦間の怒りは、どのようなことにでも結び付いてしまう。母親は子どもが何か起こすと、無意識に「しめた！」と思って相手の父親に怒りをもっていく。まさに隠された怒りが、落ち着く場所を見つけたときである。だから子どもそっちのけで相手の家に飛び込む。

ある受け入れがたい感情をより受け入れやすい関連のある対象に振り向けること、それが攻撃性の置き換えである。

よく考えてみればおかしなことである。あり得ないことである。あり得ないことが起きているときにはたいてい無意識の怒りが関与している。

実はその母親は夫が憎らしい。しかしその憎しみの感情は、自分の存在にとって危険である。

だからこそ、子どもが何かことを起こすと「しめた！」と思って相手の父親に怒りをもっていく。「子どものため」と思うのは、自分の怒りの絶好の合理化である。

そして実は、心の底では相手の奥さんがうらやましい。だから、子どもそっちのけで相手の家に飛び込む。この妬みも、怒りの消極的表現である。

ことの本質は隠された怒りである。その本質の症状が親同士の喧嘩である。

私たちは喧嘩をしているときに、本当にこの人と喧嘩をする必要があるのかを考えてみる必要がある。

もしかすると、違った人と喧嘩をすることが、悩みを解決する道かもしれない。

攻撃性の置き換えをする人は、自分の問題を解決できない。そして、攻撃性の置き換えをされたほうは、よほどしっかりしないと呪いに巻き込まれて、人生を台無しにする。

ターゲットは、自分より弱い人

ある五十三歳の女性である。娘は結婚していて二十七歳、三十歳の夫と四歳の子どもがいる。この娘の家族とうまくいかない。

娘の夫は、年収にふさわしい車を買っている。しかしこの母親は、「婿はけしからん」と叫ぶ。だが、それほど贅沢《ぜいたく》をしているわけではない。

この母親の本当の不満は、自分の夫である。だが、直接夫に怒りを向けたら、自分が危なくなる。これまでの長い自分の人生の苦労が台無しになる。

夫に怒りを向けられない怒りを、婿に向けるのが適当だから、婿に向けている。憎むことが危険な人への憎しみは、危険でない人に置き換えられる。彼女にとって怒りを婿に向けるのが、身の安全である。

夫は彼女に目を向けても同情してくれない。「婿がけしからん」と言う彼女の感情に周囲の人がついてきてくれない。

「こんなに一生懸命やってあげたのに、みんなは冷たい」と言う。そういう周りの気持ちがあるから、なおのこと淋しい。

この女性は、皆から「ありがとう」と言ってもらいたい。しかし周囲の人は、それが言えない。恩着せがましい態度があるから、「ありがとう」という気持ちになれない。「こちらがやってあげた」というのは、相手には重荷である。

自然なコミュニケーションの不足している家族では、お人好しのところに不満がいく。この場合は、お婿さんに不満がいった。

攻撃は比較的無防備な「弱者」へと置き換えられる。[註9]

ある五歳の子どもは、日頃はとても大人しくていい子である。しかし、弟が二歳になった頃から、何かにつけて「どうして嘘《うそ》をつくんだ」と弟を怒って叩くようになった。

これを見ていた母親が、これはいじめではないかと思い、お兄ちゃんに「優しくしてあげなければダメよ。あなたはお兄ちゃんなのだから」と注意をしはじめた。ところが、その頃から、いじめと思える行為がさらに頻繁になってきた。

この場合の「きみは嘘をついた！」は、あくまでも合理化である。弟を責める攻撃性は、母親に対する不満の置き換えである。すべて「お兄ちゃんなのだから」の一言で片づけられる不平と不満のはけ口を、自分より弱い弟に吐き出している。

本人に悪気はまったくない

「対内結束と対外排斥の同時性」という社会学の法則は国際関係から家族関係にまで適応される法則である。

家のなかのコミュニケーションがうまくいっていれば、隣の家を放っておけるが、家の人間関係がうまくいっていないと、隣の家を放っておけなくなる。

自分の家の揉《も》め事を解決しないで家をまとめようとすると、不満のはけ口を外に求める。

強い人は、攻撃性を向けるべき人に向けている。

弱い人は、自分より弱い人に攻撃性を置き換える。強い相手やうるさい相手などと戦うよりも、身近で弱い人を攻撃していたほうが心理的にラクである。

成長欲求を失った者には、攻撃性の置き換えをしていることが心理的に一番ラクである。

マイナスの感情を弱い者に「ダンプする」ということが言われる。ダンプはダンプカーのダンプである。ゴミをドサッと落とすことだ。

自分のマイナスの感情を、ドサッと他人の上に捨てていく。それがダンプである。

マイナスの感情をダンプしているときに、自分はマイナスの感情をダンプしているとわかっていればよい。しかし、マイナスの感情をダンプしている人は、今、自分がマイナスの感情を関係のない他人にダンプしていると気がついていない。今、自分がダンプしている相手を「ダメな人間、けしからん人間」と思って攻撃している。

本当の相手に怒りを向けられないので、攻撃性の置き換えをしても、マイナスの感情は蓄積される。

弱い人はマイナスの感情をダンプして、自分よりさらに弱い相手を攻撃しているのに、自分は正当なことをしていると思っている。

弱い人は不愉快なとき、自分が不愉快なのは、自分が攻撃するべき人を攻撃していないから不愉快なのだとは思わない。

ときには小さい頃から積もりに積もっている不愉快な感情を、自分よりさらに弱い人間に一気にダンプしている場合がある。

長年にわたって本当の感情を隠して真面目に生きてきた「いい人」が、些細なことで不愉快になる。そして、お人好しの人間に、それまでの蓄積された不快な感情をダンプする。

都合のいい人を見つけると、その人を攻撃することで、本当の感情から目をそらすことができる。

そして、自分がマイナスの感情をダンプしながらも、相手をけしからん人間と思ってしまう。

いったん相手を責めると、相手を攻撃することが正当なことのように感じてくる。

ジョージ・ウェインバーグが言うように、ひとたび行動すると、その理由を心は受け入れる。

情緒的未成熟な親が子どもをつぶす

子どもに過度に厳しかったり、過度に甘やかしたりすることの背後には、夫婦間の矛盾が隠されていることが多い。

有名銀行の支店長である父親がいる。家では子どもをけっ飛ばして泣かせている。しかし、母親は助けにいかない。母親は東大卒である。この子どものことが嫌いだ。母親はいつもイライラしており、表情は無気力で姿勢もだらしない。

自分に関わりのないことでも批判的になる。テレビを見ていても関係のないことに批判的になる。そして、自分の怒りを正義の怒りと思っている。これはアメリカの精神科医カレン・ホルナイのいう報復的正義（retributive justice）である。

正義感が強くないことは、日常生活を見ればはっきりとしている。日常生活では、ずるい人である。しかし、テレビを見ていても関係のないことに正義の怒りを爆発させる。

つまり、この母親は心の底に敵意を抑圧している。それが正義の仮面をかぶって、お門違いなところに出てくる。

父親も母親も、子どもに当たることで自分の感情を晴らしている。成功しているように見えるが、絶望している家族である。

「充足が失敗と両立することもあれば、成功と絶望とが矛盾しないことがある[註10]」。

アルコール依存症になっている最高権力者などは、その典型である。

母親の怒りを一番向けやすいのは誰であろうか。それは優しい子である。母親にとって安全なのは、「いい子」に怒りを向けることである。情緒的未成熟な親は、いい子をいじめる。

家族皆が不満で、皆の不満を、ある特定の一人の「いい子」に向けて、皆でその「いい子」をいじめる。

その子は、不満が充満している家族のなかにしっかりと組み込まれている。この家族の構造を「星座」という言葉で表現する人もいる。

ダンプされる子は、家族皆の不満をぶつけられている。家族全員がその子に「攻撃性の置き換え」をしている。「いい子」を仲間はずれにして、いじめて、家族の和を維持する。

家族関係のトラブルをしわ寄せされる子は、やがて職場の人間関係のしわ寄せをされるビジネスパーソンになっていく。どんなに出世しても心理的には救われない。

小さい頃、攻撃性の置き換えの対象にされた人は、心理的に病んでいくことが多い。

自己を放棄しても服従しなければならない親への敵意を抑圧している子どもは多い。その隠された敵意は置き換えられて、弱いものに向けられる。

この置き換えとサディズム的傾向が合体するとひどいいじめが生じてくる。弱いものを嘲笑することで、自分の心的葛藤を解決する。

強者への服従と弱者への支配が権威主義的人間の特徴である。それは強者への服従の裏に敵意があり、その裏の敵意が弱者へ置き換えられるからである。

不満をどこまでコントロールできるかは、自我の確立の問題である。

自我の機能は感情のコントロールである。自我が未確立だと、不満や憎しみにその人が支配される。

フロイトによれば自己は自我を中心にして規範と原始的感情をもって構成されている。その自我の構成要素として自発性、独自性、責任性、関心、愛情、興味などがある。

自我が機能していないと、過剰な規範意識に偏ったり、敵意や憎しみに支配されたり両極分化してしまう。

「そうすべきだ！」と他人に規範、正義を訴える人がいる。立派なことを言っているようだが、単なる攻撃性の置き換えのことがある。

規範意識が強いようだけど、憎しみの感情が強いだけである。そういう人の日常生活はひどい。自我が未確立だと、ちょっとしたことでカッとなる。あるいは破滅する恋の情熱に走る。

コミュニケーション能力を喪失している

攻撃性の置き換えの問題は、コミュニケーション能力の喪失をもたらすことである。

意識と無意識の乖離《かいり》が生じると、コミュニケーション能力を喪失する。攻撃性の置き換えも、それである。

実際の怒りは、ある人に向けられている。その怒りは無意識である。しかし、本人は違った人を攻撃している。この意識と無意識の乖離が、人とのコミュニケーション能力の障害になる。

攻撃性の置き換えをしている人たちが社会的に孤立することが多いのは、コミュニケーション能力の欠如が原因である場合がほとんどである。

何度も言うように、攻撃性の置き換えとは、ある受け入れがたい感情、欲求をより受け入れやすい関連のある対象に振り向けることである。そこから発生する問題は、多岐にわたる。

たとえば、夫に憎しみがある。しかし、「姑《しゅうとめ》が嫌い」と言う。憎しみと怒りを「嫌い」という言葉で置き換えている。

「義理のお姉さんが大嫌い」というときには、夫が嫌いということが多い。夫に憎しみと怒りを抱いているが、夫に直接の敵意を向けられない。夫に不満を言えない。

そのときに、義理の姉に怒りをもっていく。

ひとつは、夫への依存心である。依存する相手に敵意を向けることは心理的に難しい。

アルコール依存症と同じように、人間関係依存症というのがある。アルコール依存症の人は、アルコールが好きではないけれど、アルコールを止められない。人間関係依存症の人は、相手が好きではないけれど、相手から離れられない。

さらに、配偶者に敵意をもつことは、自分の社会的な身の安全にとって危険である。離婚につながるおそれがある。

心理的にラクをしたいから、本当の憎しみの対象から目をそらす。攻撃性の置き換えをしていることが心理的に一番ラクである。

これが喧嘩をしない「仲のいい夫婦」であることがある。

だが、その弊害は社会的孤立という形で表現されてくることが多い。コミュニケーション能力の喪失から社会的に人間関係がうまくいかなくなることが多い。

第3章 関係の貧困が生む問題

娘の人生を壊していく母親

攻撃性が弱者に対してストレートに表れるときには、わかりやすい。しかし、ときに複雑な表れ方をする。

二十九歳の娘のことで、五十五歳の母親が相談してきた。

娘には、結婚を前提として半年間交際している男性がいる。娘は、今の婚約者以前に交際していた男性がいたが、今の人と交際するにあたって、前の人との思い出のものは全部処分したつもりでいた。

しかし、たまたま今の婚約者の男性が家に遊びにきて、アルバムを見ていたときに、以前の男性の写真がポロッと出てきてしまった。

その男性は、「この人は誰だ」と尋ねた。二年ぐらい付き合っていた男性がいるということは話していた。しかし、実は八年も付き合っていた。

そこで、「実は八年間付き合っていた。嘘ついてごめんね」と娘は謝った。ところが、婚約者の男性は、「くだらない八年を過ごしたな」と怒った。

娘が何かを話すと、「こんな話を前の男性にもしたんだろう」と、ねちねちと嫌みを言う。「実家の両親に言ったら、そんな女性とは別れろと言われた」とか、「嘘をついたことがわかったら、私なら離婚すると母に言われた」などと言い出した。

そこで、今度は娘の母親のほうが、「その男性と娘が結婚するのは心配だ」と言い出した。「嫉妬深いことが、一番心配なんですよね」と付け加えた。

そして二人は、いろいろあって別れることになった。

その男性から「別れてくれ」と言われて、娘は硬直してしまった。救急車で運ばれ、精神安定剤を注射されたが、何食わぬ顔で帰ってきた。「親を心配させたくないから」である。結局、この恋愛は母親が干渉して壊した。

八年付き合っていた前の男性とは、アルバイト先で知り合った。娘はその男性と仕事が終わってから話をしていたのだが、母親には「仕事で遅くなった」と嘘をついていた。

付き合っている男性がいるということがわかり、母親は「早く帰ってきなさい」と叱った。「そんなにいつまでも引き留めている男性は、ろくな男性ではない」と言って、結婚に猛反対した。

「親が、二人の関係を壊したんですか？」と私が聞くと、「ええ、そうなんです」と、当然のように答える。娘は泣く泣くその男性をあきらめた。

この母親は、心配しないではいられない。「取り越し苦労という言葉が、私の性格にはピッタリだと思います」と自分で言う。

たしかに、この母親は苦労性である。そして、すぐに意気消沈する。その原因は、この母親の夫に対する隠された不満である。

母親は夫とのゴタゴタを避けるために、自分の感情を偽る。夫の言うことに反対でも、対立することを避けるために同意しているふりをする。そのたびに、心の底に怒りの感情をため込む。心配症の原因は、この無意識に蓄積された怒りである。

夫から軽視されても怒らない。しかし、軽視されたことに対して傷ついている。そのように夫との関係で自分を偽るために怒りを感じるが、それを抑えるから憂鬱になる。

そして、娘の幸福に干渉していくときだけ元気になる。そのときだけはいきいきとする。この母親は、娘が男性と付き合い出した途端に、相手の性格がどうのこうのと威勢よく言いはじめる。結婚の話が出ると、すぐに横槍《よこやり》を入れる。

この母親は、夫との関係の失敗を娘で補おうとしている。

自分の人生の意味を見つけることに失敗した人は、他人の人生に干渉することで自分の人生の意味を見つけようとすることが多い。

自分の失敗を、自分自身の成長で治癒しようとする人だけが、心の傷を乗り越えて、より豊かな人生を生み出すことができる。

攻撃性の置き換えは、自分の失敗を受け入れず、その責任から逃げるようなものである。しかし、逃げ切れない。攻撃性の置き換えの最大の問題は、どんなに「置き換えの対象」を攻撃しても、悩みの解決にはならないということである。

父親への愛着心と復讐心《ふくしゅうしん》

世の中には、不可思議な言動をする人が多い。そのひとつが、攻撃性の置き換えであり、本来の対象と異なるものを代償として選ぶことである。

うつ病を経験した女性が相談にきた。両親は離婚している。

彼女は、多くの男性と恋をするのだが、結婚には至らない。すぐに恋に落ちるのだが、途端に相手に批判的になる。

さらによく聞いていくと、父親に対する愛着心がある。自分と母親を見捨てたことへの激しい怒りがある。それを抑圧している。

彼女の普通の人以上の男性遍歴は、父親の代償として、男性を求めていることがわかった。同時に、それに対する復讐でもある。

彼女にしてみれば、欠けているものは、とにかく埋めなければならない。しかし、関係はできるのだが、信じることができない関係である。

彼女は母親と暮らしていた。娘は母親との生活で満たされていれば、父親のほうにはいかない。人は、ひとつでも本当に満足すれば、それでいい。

だが、彼女の心は、母親にべったりではない。彼女と母親の心は触れていない。彼女は、人を好きになれないパーソナリティーなのである。

この女性が、自分はどの相手ともうまくいかないという関係を認めて出発しないかぎり、何をしてもうまくはいかない。

人が見ると、「なんであんなに次々と男を替えるのだ」と思うが、それには理由がある。ヘーゲルの歴史哲学ではないが、「存在するものには理由がある」。

本当は父親に復讐したいのに、違った人に復讐する。逆に、息子の場合には母親を求めるということもある。これらの行為は精神分析論でいう、いわゆる「代償行為」である。

職場の同僚への異常な嫌悪感

ある本に、中年の女性の話が載っていた。[註11]

その女性は、職場がおもしろくないと言う。体の調子も悪い。最近、職場に移ってきた同僚に強い嫌悪感をもっている。仕事の仕方で腹が立つ。怒鳴りつけたくなるが、それを抑えて普通に注意しようとしても声が出ない。その人の顔を見るのもイヤだ。

その同僚は、料理が得意である。料理を作って友だちを招待している。

女性はすごい勢いで、料理を作ることは馬鹿げていると攻撃しはじめた。「おいしい料理が食べたかったら料亭にゆくべき」だと言う。

体がだるく、頭が重いので欠勤しようと思っている人とは、到底考えられない。彼女は、「まるで別人のように」勢いよく無茶苦茶に批判をした。

この勢いの良さは、無意識の領域にある継母に対する怒りのエネルギーであった。本当の怒りは、この同僚に対してではない。本当の憎しみは継母に対してであった。劣等感からの努力というのは、憎しみからの努力である。

彼女は継母に育てられた。そして、継母にことごとく反抗した。義妹にも親しめない。継母の口癖は、「女の子は女の子らしく」であった。

義妹は女の子らしく結婚して幸せにやっている。料理もうまい。この中年の女性には料理コンプレックスがある。

さらに、この女性は義妹を認めていない。本当は心の底では義妹のことを素晴らしいと思っている。でも、それを認めていない。

さまざまな心の葛藤から、この女性は職場に自分の居場所がない。

そして職場を継母にしてしまった。彼女は継母が嫌いだけれど、継母がいなければ生きていけない。継母への攻撃性を、職場に置き換えてしまったのである。

彼女は継母との関係の作り方しか知らない。人と親しくなれない。親しい人間関係の作り方がわからない。

職場の同僚は義妹ではない。この中年の女性が、自分の心のなかで、義妹と同じにしてしまう。誰もこの中年の女性を脅かしていないのに、脅かしていると思う。

この中年の女性は、職場の人全員が嫌いである。人を好きになれない人である。重宝な人を使って、自分の憎しみを晴らしているだけである。要するに、過去に生きている。

これがまさに攻撃性の置き換えで、悩みを解決しようとしているが、攻撃性の置き換えでは解決ができないのでイライラしている。

みんなに「私を愛してほしい」と求めている。この女性も、愛してほしいと願い続けた人である。それが叶《かな》えられなくて、無関係な人にまで憎しみをもつようになっている。

この中年の女性は今の職場でなくても、他の職場でも居づらい職場にしてしまうだろう。何度、職場を替えても同じである。

どうやって本当のことに気づくのか。気づかせてあげられるのか。

信頼する人から言われれば気づくことができる。親しい人から「よくがんばった。つらかったね」と癒《いや》されたときに、憎しみを全部吐き出せば気づくことができる。

あるいは、ビジネスで満足のいく成果を手に入れたときに言われれば、気づくかもしれない。継母が土下座したときに気づくかもしれない。

原因が継母や義理の妹だったと認めることができるかもしれない。

寒風のときに、「ほら、鳥が飛んでいるよ」と言われても、寒いから、鳥に気持ちはいかない。春になって暖かくなれば、気がつく。

きょうだい間の差別をやめない親

攻撃性の置き換えの種類は、本当に数え切れないほどある。

ある女性は母親に対する不満を延々と言う。

「母親は私のやることなすこと気に入らない。その服は何だ。これを着ろ、あれを着ろ、とうるさい」と言う。母親が言うものを着ないと、母親は機嫌が悪い。

家事についてもうるさい。「ふとんが汚い」などと、いろいろと探し出して文句を言うという。

妹である彼女にはうるさいが、姉のほうはネコ可愛がりする。

成績も、妹のほうには批判的であった。

彼女は大学に行きたかった。母親は、「お姉ちゃんは大学に行っていないのに、お前を行かせるわけにはいかない」と言う。

彼女は、自分でアルバイトをして専門学校に行った。姉は、母親がお金を出して専門学校に行った。妹である彼女には、「お前にはお金は出さない」と母親は言う。

一般的に、親が子どもに攻撃性の置き換えをするとき、きょうだいのどちらか一方を差別する。一方を仲間はずれにしていじめる。

いじめられっ子だったその女性は、年齢的に母親の介護の問題が出てきた。そして、その母親を介護しなければと思うと、「もうイヤで、イヤで」と言う。

彼女は父親ともうまくいっていない。家族関係すべてがうまくいっていない。

彼女は、「お母さんは嫌い」、「母親は私をいじめにくる」と言う。


いろいろと話を聞いていくと、次のことがわかった。

彼女の母親は夫への攻撃性を、娘の彼女に置き換えている。

彼女も夫への攻撃性を、母親に置き換えている。

母娘の双方が夫への攻撃性を親子のほうに置き換えている。

彼女と話していると、なかなか問題の核心に入らない。彼女は本心を言わない。

自分でも、自分の本心が怖くてよくわかっていない。

実は彼女は夫が嫌いで、夫を憎んでいる。しかし、その本音は怖くて意識できない。その夫への攻撃性を母親に置き換えている。

母親の持ってきたものをハサミで裂いてゴミ箱に入れる。本当に悩ませていることから目をそらしている。彼女は、お母さんの不幸を見て、楽しいと思う。

やがて、彼女は無表情になる。陰で意地悪をすると、顔に出る。目つきが悪い。陰で意地悪をする人は、乾いた笑いをする。頭のいい意地悪をする。それが最後に顔に出る。

彼女は今、自分のなかに満足できないものがある。

彼女は、母親を「嫌い」と言っているのに、ときどき、母親を自分の家に招いている。根源的に嫌いなわけではない。実は彼女は、母親と同じものを心のなかにもっている。

今の大切な人との関係が満たされないときには、過去の不満が出てくる。悩んでいる当人にはこれがわかりにくい。過去の不満は、変装して出てくる。

いろいろと悩んでいるうちに、彼女はガンになった。ガンになって以降、母親がもっとうっとうしい存在になった。

彼女は、人生に絶望した。だから、人を小馬鹿にしている。

彼女が自分の人生を肯定すれば、現実否認を止めるだろう。自分の心を直視するようになれば、つまり、本当に憎んでいるのは母親というよりも夫であると認めれば、世界は変わる。

たしかに、母親は姉と比べて妹を差別した。しかし、そのことを強調するのは、母親への憎しみの合理化である。

彼女がガンになった後に、母親のほうは、負い目を感じはじめる。姉に迎合し、妹をいじめてきたからだ。心の底ではそれを母親は知っている。

母と娘、双方ともに「なんでこんなすごい試練がくるのだ」と感じている。しかし、試練は今までのやり方を「変えなさい」という知らせである。

二人とも、今の状態になった原因を考える必要がある。攻撃性の置き換えをした心の過程を考える必要がある。

もっとも重要な原因となった人間は「誰か？」を考える。そして、自分の本当の感情を知り、認め、それに従うという解決策しかない。

誰もがわかっているように、完璧な解決策などあり得ない。

ストレスに苦しむ人は、真実を認めたがらない

『心と体をすり減らさないためのストレス・マネジメント』（大和書房）という本のなかで、「ACE性格」といわれる性格について説明した。

ACEの要因は、「注意を向け（Attend）、繋《つな》がりをもち（Connect）、表現する（Express）」である。

ACE性格の人は、「攻撃性の置き換え」をおこなわない。それらのことが、生きることに対してどのくらい悪影響を及ぼすかということについて、よく理解している性格でもある。

ACE性格とは、次のような作業をする性格である。

怒る前に、「なぜ」と考える。「なぜ、自分はこの感情をもつのか」、「自分はなんで生きるのがこれほどつらいのか」、「なんで毎日が楽しくないのか」、「なんで毎日心が穏やかでないのか」、「なんで毎日こうもイライラするのか」などから目を背け

ない。真の原因を内省する。

今の自分の不愉快な感情と本当の原因とがつながったときにスッキリする。それがACE性格である。つまり、この本で説明している「攻撃性の置き換え」に気づくことができれば、ACE性格になることができ、心身の健康に役に立つ。

ACE性格では免疫系の調整がうまくいっていることがわかった。免疫力が改善し、喘息《ぜんそく》治療に効果があった。糖尿病治療でも血糖値を下げる効果があった。

しかし、この本で説明する「攻撃性の置き換え」をしていれば、自分の状況を正しく理解できず、困難に対処できない。

ストレスに苦しんでいる人は、ストレスや感情というサインを正しく認識することができれば、ストレスから少し解放される。

心理的に健康で生きるためには、自分のことに注意を向け、症状や感情を的確に知ることが大事である。

つまり、「攻撃性の置き換え」をよく理解することである。

ある若い奥さんが隣の家の声がうるさいとか、テレビがうるさいと騒ぐ。だから家事ができないなどと大騒ぎをする。

周囲の人は、その奥さんはわがままだと言う。しかし、この奥さんを単純にわがままだと言って済ませていたのでは解決はできない。

その若い奥さんは、最近結婚して、家を出たところである。内心、母親から離れたかったので、ホッとしている。

そうして自立しようとしているのに、母親がべたべたと娘の家にくる。

娘は、「お母さんを好きだ」と言うけれど、心の底ではお母さんが嫌いである。実は、娘はお母さんがうるさいのである。

娘はわがままではない。母親への敵意を抑圧しているから、気持ちが不安定なだけである。母親への攻撃性を、隣の家に置き換えている。

テレビがうるさくて家事ができないのではなく、母親がうるさくて心理的に安定しないのである。

やがて、彼女の家と隣の家の関係は悪くなり、トラブルになった。

では、どう解決すればいいのか？

彼女が真剣に隣の家とのトラブルの背景を考え、「本当にテレビがそれほどうるさいのか」と考え、「自分は今の日本では生きていけないほどわがままなのか」などを真剣に考えていけば、実は心の底に何か恐怖感をもっている自分に気がついてくる。

真実を知ることの恐怖感、これがトラブルを起こし、トラブル解決の障害になる。母親がうるさい、これが単純な真実である。

「トラブルを成長させてしまうのは、人間の憎しみではなく、愚かさと怠慢なのです。[註12]」

日記のなかにまったく違う子どもがいる

ある子どもが交換日記をしている。

「うざい奴は、やるしかない」、「最近したいことは、ガラスを壊すことだ」などとひどいことを書いている。

母親は娘の日記を読むと、驚くばかりである。学校では真面目で先生に信頼されている。日記を見なければ、母親は「子どもは、穏やかな学校生活を送っているな」と思っていたはずだ。

日記の言葉は、実は母親に向けた言葉である。仲間への攻撃性は、本来母親への攻撃性の置き換えである。その母親への攻撃性を友だちに向けた。交換日記で攻撃性の置き換えを表現している。

学校で仲間をいじめる子は、家に対する不満がある。電信柱にも腹が立つ。日記の言葉は、母親である自分に向けていると母親自身は思いたくない。そこで、そのことから目をそらしている場合が多い。

「こんな子であるはずがない」と母親は思っている。それは、子どもの心に入っていけない母親である。こうした母親の言葉は、自分の不安を解消するための言葉である。

子どもはいろいろな問題を抱えている。しかし、それを母親に言っても解決してくれないと子どもは知っている。この子にとって母親は他人である。

母親のほうは、自分が子どもにとって他人であるということがわかっていない。そして「この子は、何を考えているのだろう」と母親は言う。


こうした親子関係では、ときどき何かのことで一時的にうまくいくことがあっても、根本的にズレているため、やがて崩れる。

「親が変われば、子どもは変わる」と、よく言われる。この言葉を「黒」が「白」に変わるというように考えられているようだが、その理解は違う。

この言葉は、「黒」の親が「白」の親に変わるという意味ではない。

その言葉は、昨日、今日、明日、子どもの小さな毎日の変化に気づくような親になるという意味である。

この小さな変化に気がつくことが、親子が触れ合うことである。それが、「親が変われば」である。

子どもは、毎日植木に水をあげていた。それを子どもは、止めようと思っている。そのことに気づかないのは、その親の心のなかに何かがあるからである。日記のなかに、まったく違う子どもがいた。しかし、もともと、子どもはそういう子どもだったのである。母親のほうが見えなかっただけである。母親が、自分の心のなかで、子どもに対してやったことの積み重ねが、こうなった。

母親は、「あれをしてはいけない、これをしてはいけない」とよく言っていた。「あのときに世間体で、この子を抑えたのではないか」と考えてみる。自分がやったことを思い出して書いてみる。エネルギーがないときには、自己分析がいい。

私はこのときに子どもが嫌いだった。それを認める。

すると、「こんなに子どもを見ていなかったな」と気がつく。「それなのに、自分は子どもを見ていたつもりだった」ことに気がつく。

子どもが何か気に障ることを言った。そのときに、「なんで、この子はこう言ったのかな」と考える。それを、今までしてこなかった。

答案の書き方が変わった。昨日できなかった問題が、今日はできた。これに気がつくことが、「親が変わる」ということである。

子どもを見ていないときは、親の心に葛藤があるときである。

この母親は、「自分たちは平和な四人の家族」と思っていた。しかし、みんなが無理をしていた。

それが交換日記の「殺してやる」という言葉になって表現されてくる。

ストーリーなき殺人犯罪の元凶

心を開かない親は、家に問題をつくる。

これは、別の母親と子どもの話である。

十五歳の長女が書いているものを見て、母親が驚く。「人間の皮をはぐ、煮て食べる」などの残酷なストーリーを書いている。勉強が大変な学校だった。

母親は、夫への不満を直接言えない。娘へのイライラも言えない。

夫に本当の自分を見せない妻、子どもに本当の自分を見せない母親。

それで同時に立派な妻や母親を演じている。「本当の自分」を誰にも言えない。

娘の憎しみは、母親に向いている。

「表面的には立派なママだが、裏ではこうだ」と、娘は思っているが直接的には言えない。その心理が、残酷なストーリーを書いている原因である。

「殺人事件の矛先が私だ」と母親が認めれば、娘の不満は何かがわかる。

娘は、成績のことを言われる以外のストレスはない。しかし、自然なコミュニケーションがないという本質的なストレスがある。

残酷なストーリーを書かなければ、この娘は不登校になっていたかもしれない。

殺人事件の矛先が母親である私に向いていると認めれば、家の問題は解決に向かう。


交換日記に書いてあるようなことを、実際に行動に移してしまう人がいる。それが、「殺すのは誰でもよかった」と言って世間が驚く社会的事件の当事者である。

母なるものをもった母親をまったく体験していないと、「母親」という言葉は知っていても、具体的な母親に対する憎しみはもちようがない。

母なるものをもった母親を少しでも体験し、母親に甘えられなかった子は、母親に対する憎しみがある。

母なるものをもった母親をまったく体験しなかった人も、対象はわからないが、対象がわからない漠然とした怒りや憎しみはある。

具体的な欲求不満の自覚はないが、深刻な欲求不満を抱えている。

漠然とした怒りや憎しみではあるが、その感情は激しい。それが、「殺すのは誰でもよかった」という犯罪者であろう。

ストーリーなき殺人犯罪が起きる原因は、おそらく本人も自分の怒りの原因がわかっていないことだろう。

母親は子どもがかわいくないし、面倒くさい。子どもはうるさい存在でしかない。父親は、自分の心の葛藤に気を奪われて、子どもに関心がない。このような場合には、子どもは憎しみがあるが、憎しみの対象がハッキリとしない。

こうした子どもの犯罪は、正確には、対象無差別な人への攻撃性の置き換えであろう。漠然とした世の中全体に対する攻撃性の置き換えであろう。

非現実的に高い期待をかける父親

憎しみはときに、正義感に変装している。それは、子どものほうではなく、父親のほうである場合もある。

その場合には、二重に攻撃性の置き換えが起きている場合が多い。

まず父親は、社会的に不本意である。野心をもちながら社会的に挫折している。

その上に夫婦関係がうまくいっていない。父親はこの二つの問題を抱えている。

妻への攻撃性を息子に置き換える。具体的には、息子に対して非現実的なほど高い期待をかける。

さらに、こういう親の子どもは二重束縛の苦しみも体験する。

まず、「社会的成功はくだらない」などというメッセージが与えられる。父親は、自分が社会的に成功していないから、自我価値の防衛から、社会的成功を無意味と主張する。「社会的に成功する奴は、卑しい奴だ」と言う。

他方で、息子はそれと矛盾したメッセージとして、非現実的に高い期待をかけられている。「非現実的なほど高い成功をしろ」という父親からの要請である。

息子は、社会的に成功しなければならない。父親は、息子の成功で世間を見返したい。

親が子どもに非現実的に高い期待をかける。それは親が神経症的要求をもつときである。

さらに、父親は子どもが好きでない。

「自分は子どもが好きでない」ということに親が気づけば、子どもは救われるが、親はそれを認めない。

英国の精神科医ジョン・ボウルビィの使っている「不安定性愛着」という言葉が

ある。自分の愛着人物との関係が不安定なことである。

たとえば、小さい頃に親との関係が不安定なときの心理である。

不安定性愛着の心理をもつ親は、自分の子どもをいじめて優越感を味わいたい。

不安を静めるためには、優越感をもつことがもっとも安易な方法である。

たとえば、暗闇で突然子どもを「ワー」と大声で驚かして、子どもがびっくりすると、「こいつ、いまだにダメだなー。こんなことを怖がって、弱虫だな」と得意になる。

いじめを、教育や訓練という名に合理化する。自分の子どもだから、いじめていることがわからない。

他の家の子にはしない。自分に牙を剥《む》かない子にする。

子どもがテストで百点を取っても褒めない母親は、不安定性愛着の母親である。

母親は、子どもをけなすことで、自分の神経症的自尊心を守ろうとする。

第4章 自責のややこしさ

自分を責めるのに必死な人

なんとなく自分が許されていない気がしている、なぜかわからないがいつも責められている気がする。そんな人がいる。

そういう人は気がついていないが、実は心の底で他人を責めている。その他人への攻撃性を抑圧して、自分に向けている。

「自責」というのは、自分への攻撃性の置き換えである。相手が強いから責めるのが怖い。その抑圧された気持ちが、自分自身に向けられる。

相手への攻撃性が内に置き換えられて、自分が責められている気持ちになる。

なぜかわからないが、自分が許されていない気がする。

それは、偽りの自責感とでも呼ぶべきものである。あるいは、偽りの罪責感である。

なぜか一人で勝手に、「こうでなければいけない」と思い込み、そうでない自分を責めている。

なぜかわからないが、自分を素直に受け入れていない。

なぜかわからないが、不愉快である。

自分を受け入れさえすれば、ずっと気持ちよく生きられるのに、何かに囚われて素直に自分を受け入れられない。

幸せに生きるためには、その「何か」が、何であるかを探し出すことである。

「私はダメだ、私はダメだ」としつこく自分を責めている人がいる。

そういう人に、「お前はダメだ。よく自分から気がついたな」と言ってみればわかる。不愉快そうにすることが多い。

そんなに自分を無理に責めなければ、ずっと気分よく生きられるのに、なぜか自分を責める。しつこく自分を責めている人の話をよく聞いていると、実は他人を責めている。

「よく聞いて」というのは、言語的メッセージの部分ではなく、非言語的メッセージの部分である。語調や身振り手振り、声のトーン、態度など、言葉以外の部分である。

いつも言い訳している人もいる。責められていないのに責められている気がしているのだろう。そういう人は、まず言い訳から話がはじまる。「そんなこと聞いていない」というのに言い訳をする。

こういう人の日常会話は、コミュニケーションになっていない。自己防衛のための会話である。何かの不安から逃れるための会話である。

小さい頃から会話のない日常生活をしてきた人と、会話のある日常生活をしてきた人では、大人になってから日々のものごとの感じ方はまったく違う。

元夫への思いが強すぎる人

六十四歳のある女性の話である。彼女は二十五年前に離婚している。息子が結婚して、うつ病になった。彼女は「私が至らなかった。世話をしてあげられなかった。至らない母親でした、そのツケが今来ている」と自分を責める。

本当にそう思っていれば、解決策を考える。息子のうつ病を治すのに自分は何ができるかを考える。しかし、彼女は解決策をまったく考えていない。同情を求めているだけである。

彼女が自分を責めまいとしても、自分を責めないでいられないのは、何かから逃げているからである。

それは、夫への憎しみの感情から目を背けようとしているからである。彼女はいまだに夫への未練がある。夫への憎しみの感情に直面していない。

自分を責めていても、息子のうつ病の治療には役に立たない。それを言うと、途端に「私は自分を責めていない」とムキになる。

本当に自分を責めていたら、ここでムキになって反論しない。本当に責めているのは、自分たちを捨てていった元夫である。

本当に自分を責めていたら、息子の治療を考える。どうしたらよいかを考える。それを考えられないのは、自分たちを捨てていった元夫への憎しみの感情に囚われているからである。

彼女が本当に責めているのは、自分たちを捨てていった元夫である。このことから目を背け続けるためには、自分を責め続けなければならない。

それを止めると、本当の気持ちに気がついてしまう。

ではどうしたらいいのか。

「そうね。そうして自分を責めながら生きてきたのか。つらかったでしょうね。もう十分ですよ。そこまで苦しんできたのだから、十分償えましたよ。だけど、このまま責めていても将来のためにはならない、解決にならない」と気持ちを汲《く》み取って、「自分を責めていても息子さんのうつ病の治療には効果がないから、これからどうするか考えましょう」と言えば、落ち着く。

いきなり正しいことを言っても、それでものごとが解決するものではない。そうした意味で「初めの同感」が大切である。

気持ちが落ち着いたところで、「実は、無意識では夫を憎んでいるのだ」ということに気づかせるしかない。

そのときに、初めて立ち上がれる。無気力な自分を責めているうちは立ち上がれない。

嫌われることへの恐怖心がある人

攻撃を関係のない人に向ける人もいれば、先の女性のように自分に向けてしまう人もいる。その違いは大きい。

ある小学生の例である。自分のお弁当を他人に食べられる。自分が食べるものがなくても、人にあげてしまう。

友だちに鞄《かばん》を開けられて、文具をもっていかれる。それでも抗議できない。「必要な鉛筆だから使わないで」と言えない。まるでその鞄は、自分の鞄ではないようでさえある。

相手との関係を維持するためには、相手の要求を受け入れなければならないと感じている。その子にとって、人間関係を維持するためには、相手の言いなりになることである。

友だちから「それちょうだい」と言われれば、「いいよ」と渡してしまう。とにかく、嫌われるのが怖い。

小さい頃、親の言うことを聞かないで、親に嫌われると、どれほどものすごいことが起きるかを嫌というほど体験している。この子どもの心の底には、親から嫌われる恐怖感がある。この無意識の恐怖感がこの子を動かしている。

また、ある中学生である。ドーナツを買ってきて、仲間に食べられる。自分が買ってきたドーナツの袋の封を切られる。それでも何も言えない。

心理的に健康な側からすると、「ドーナツをとられる」ということになるが、心理的に病んでいる子からすると、もともと自分のものではない。

最後に残ったドーナツを、怯《おび》えるように食べている。自分のものを食べるのに、「すみません」という気持ちで食べている。買ってきたドーナツの封を、相手が開ける権利がある、と思っているかのようである。

他人が買ってきたドーナツの封を開ける権利があると思っているのが、搾取タイプの子。

自分の買ってきたドーナツなのに、封を開けられても不愉快に感じないのが、うつ病になるような子の性格である。

この関係が続くと、その子が自分で買ってきたドーナツの封を自分で切ると、搾取タイプの子は怒り出す。

封を開けられても仕方ないと思っている子は、開けられても不愉快と感じない。不愉快と感じることを、小さい頃から親に禁じられていた。自分は、心も体も親のものなのである。この世の中に、自分のものは何もない。

そうして生きてしまうと、自分で自分の感情がわからなくなる。

その子たちのことをよく知っている先生は、ドーナツをとられてしまう子を、「しっかりしなさいよ」と言って頭を叩きたくなる。

ただ、周囲のクラスメイトは違った見方をしている。何も言えないその子も、その搾取タイプの子どもたちと同じグループと思っている。

そのグループには、まともな子は近づかない。だから、まともな子は、その子に近づかない。

無断でドーナツの封を開ける子のいるグループはずるい子の集団である。単独にずるい人はいない。

ずるい人に接したときには、ずるい人に包囲されたと思っていい。ずるい人は手をつないで、餌になる人に近づいてくる。

つまり、その何も言えない子は、ずるい子に囲まれている。そして、まともな子たちからは避けられるようになってしまう。

こうして利用される子は、周囲のずるい子から焚《た》きつけられる。何かを言われたら、すぐに信じる。すぐに信じて動いてしまう。そして、簡単に騙《だま》される。

いつも利用されている子は、小さい頃から神経症的傾向の強い親を疑うことを許されなかった過去がある。権威主義的な親に育てられた。

親の言うことを疑うことを許されない。そういう子は、相手を憎めないから、自分を憎むしかない。間違った攻撃性の置き換えをする。

いつも怯えて生きてきた人

戦場で生きてきた人と、平和な本土で生きてきた人ではストレス・ホルモンの出方が違う。

ベトナム復員兵は、ストレス・ホルモンのカテコールアミンの分泌を抑える受容体が四十％も少ない。[註13] カテコールアミンは体内に異常事態への対応を促すと同時に記憶を脳に焼き付ける働きをする。

心理的には、小さい頃から戦場で生きてきた子どもがいる。いつも怯えて生きてきた。恐怖感がその子の心を支配している。

小さい頃、朝起きたら自分を責める声が聞こえていた。朝から「誰かとともに」生きることがはじまらない。「自分一人で生きる」生活がはじまる。

まず、自分を責める声から逃げるために、何かをしていなければならない。朝起きたときから会話がはじまらない。つまり、感情の共有や感情の交換がない。朝からずっと自然なコミュニケーションがない。

先に日常生活で自然なコミュニケーションのある人と、ない人ではパーソナリティーに決定的な違いが出るという話をした。

親が神経症で、無意識に人を侮辱しようとする。そうした場合、子どもは小さい頃から常に侮辱されて生きている。

それから逃れるためには、常に何かをしていないではいられない。焦りが日常生活の中心である。

自立を励まされ、愛されて成長してきた人には想像を絶する世界である。

時代は変わってきたが、昔は親が神経症の場合、男の子は常に侮辱されて生きていた。

自然なコミュニケーションは生きている証《あかし》であるが、そういう子どもは、生きている証がない。つまり、小さい頃から自然なコミュニケーションがない。生きている証を得るために、常に人から褒められていなければならない、常に業績をあげていなければならない。評価されること、優れているという判定が、生きるために必要となる。

自然なコミュニケーションのなかで生きてきた人は、コミュニケーションが生きる証である。人と心が触れ合うことが、生きている証である。評価と判定は生きている証ではない。

五十代以上の女性がよく、「夫と旅行に行ってもつまらない。夫と旅行に行くよりも、女性仲間と旅行に行ったほうが、おしゃべりしながらでずっとおもしろくていい」と言う。

その「おしゃべり」とは、内容のないおしゃべりである。しかし、そこには自然なコミュニケーションがあり、情緒の交換がある。心が触れ合うものがある。

何よりもそこには評価が優先していない。つまり、共同体の会話がある。

自然なコミュニケーションのないままに成長し、そうして抑うつになった子が、日記に「自殺したい」と書いた。それを神経症の親に読まれて、自殺を禁じられた。生きることも死ぬことも禁じられた子である。最後はうつ病になった。

服従依存を強いられてきた人

ある受け入れがたい感情、欲求をより受け入れやすい関連のある対象に振り向けること。それが置き換えである。

欲求不満をどこへも置き換えられない子どもは、自分に向けるしかない。そして、自分が自分を受け入れられない。極めて不愉快な心理状態である。

さらに、周囲の人から攻撃性の置き換えの対象になって、理由もなく責められ続ける。

攻撃性の置き換えの餌食になった人は、恐怖の学習をしてしまう。それは、大脳辺縁系の神経回路の変化をもたらす。[註14]

普通の人にとって怖いことではないことも、怖いと感じる。

外からの刺激は、客観的に怖いものではない。しかし、怖くない刺激を受けても、それがその人の神経回路を通る間に恐怖に満ちたものになる。

最大の変化の場所は、青斑核（locus ceruleus）だという。[註15] そうした恵まれない人間関係のなかで生まれ、生きてくれば、不安防衛の結果、支配性が自分へ向く。

さらに、もうひとつの脳の変化は、大脳辺縁系と下垂体をつなぐ神経回路に表れる。下垂体はＣＲＦというストレス・ホルモンを出すところである。[註16]

小さい頃から他人に従順を強いられて生きてきた人は、欲求充足の心の姿勢がない。

心の弱い人は、欲求充足ができない。自分の欲求を満たそうとするよりも、人から気に入られようとする。

それは、世間の評価が第一だからである。世間の是非の判断が第一だからである。恐怖という情緒的底流のある人にとって、人から嫌われることはものすごく怖いことである。

「嫌われるのが怖い」という恐怖感で、心配する必要のないことまで心配する。何も悪いことを強いていないのに、罪悪感に苦しむ。

服従依存を強いられて生きてきた人がいる。

近い人に甘えて、他人を自分の思うようにしようという経験がない。母親を体験していない。

甘えることは、相手を自分の思うようにしようということである。相手を支配しようとすることである。だから、依存性には支配性が隠されている。

甘える体験もなく、依存心を禁じられて成長した人は、自分のなかの依存性と支配性を表現できない。そこで、その支配性が自分に向いてしまう。するとﾠ寝ることからトイレ、性活動まで自然に任せられなくて、自分の意識で自分を支配しようとする。自律神経が機能しない。自律神経失調症である。寝るのではなく、寝ようとする。その意志がその人を緊張させて、かえって寝られなくする。

他者との関係で満たされるべき支配性が満たされなくて、自分に向けられてしまったのである。だから、自分についてコントロールできないことまでコントロールしようとする。

手のひらの鳥はつかもうとすると逃げていくという。弱い人は、すべてをつかもうとして、すべてを失ってしまうのである。

睡眠、食事、性生活などについて、実存分析で有名なオーストリアの精神医学者フランクルは、「過剰なる意図」と言っているが、むしろ満たされない依存性、支配性が自分に向いてしまっているのであろう。母なるものをもった母親を体験して、甘えの欲求を満たされて成長した人には、想像を絶する恐怖の世界である。

母なるものをもった母親を体験した人というのは、母親と話し合いながらお風呂に入った人、食事もお風呂も一つひとつを楽しんでしてきた人である。

母なるものをもった母親を体験していない人は、汚れを落とすためにお風呂に入る、というお風呂の入り方をして育った人である。

この両者で、小さい頃からすでに脳の神経回路は違ってくる。

感情を抑圧してばかりいる人

規範意識過剰の人がいる。あまりにも立派で付き合えない人がいる。

それは、社会的には立派なのだけれども、心の底に隠された憎しみや欲求不満があるからである。さらに、恐怖感を学習している。

そういう人は、心の底では人との触れ合いを求めながらも、同時に人を退けている。

そういう人の背中はどこか淋しそうだ。自分を責めていると、なぜか淋しい。

自分は実際には上司を憎んでいる、あるいは父親を憎んでいる。ところが、その「実際の自分」の感じ方を抑圧する。

その感情に目を背け、恐怖感と擬似的意志の力で、その自分の実際の感情を無意識へ追いやる。

相手に対する憎しみを抑圧すると、実はもうひとつ抑圧が加わる。それは、その憎んでいる相手から憎まれているという感じ方が生じる。しかし、その感情をさらに抑圧する。

心の底の、さらにまた底では、なんとなく自分は憎まれていると感じる。しかし、その相手から愛されたいという願望が強く、この憎まれているという感じ方も抑圧する。

「私は親の大きな愛にはぐくまれてきました」という手紙をもらうときがある。

しかし、その手紙の他の箇所を含めて全体を読めば、その子が親から憎まれているということがわかる。

その子の感情的底流は、恐怖感である。いつも心の底ではビクビクしている。「大きな愛にはぐくまれて」と言いながら、実は心の底では怖れている。小さい頃から、たった一人で生きていた。

自分は相手を憎んでいるという本当のことを意識するのが怖いし、相手から憎まれているということを意識するのも怖い。

生きていることが怖い。

自分は相手を尊敬していると思い、相手から愛されていると思いたい。そこで、そう意識しようとする。

そのためには、自分の本当の感情を抑圧することが、安心するための手っ取り早くて確実な方法である。

しかし、残念ながら、それは偽りの方法である。最後まで成功することはない。

攻撃性の置き換えは、置き換える側にとっては、なんの解決にもならない。

攻撃性の置き換えの犠牲になる側にとっては恐怖感だけが植え付けられる。

自分を取りまく世界への恐怖感を、一つひとつ乗り越えていくことが生きることである。

第5章　意図が見えにくい攻撃

攻撃する人も不安を抱いている

アメリカの心理学者ロロ・メイの著作に、アグニスという女性が出てくる。
アグニスは、「不安を生み出す状況」を回避する一方法として、敵意と攻撃を用いる。[註17]
女性から罵声を浴びせられれば、たいていの人は怯える。「とんでもない女だ」と思って逃げる。
ある人は、議論に参加して負けるのが怖いから、「議論をするなんて、くだらない」と言う。これも、不安を回避するひとつの方法である。「あの人は、好きではない」と言う。これも、不安を回避するひとつの方法である。

「あの人」から嫌われるのが怖いから、先手を打って、「あの人は、好きではない」と言う。本当は誰よりも好きな人である。

これらは皆、同じ不安回避の方法である。

いつも不安回避の方法で問題を解決している人は、多くの場合、孤立していく。

理屈としては矛盾しているのだが、不安な人のなかには、相手から拒否されないためにも敵意ある攻撃をすることがある。

ある人から注目がほしい。しかし、その人は自分に注目してくれないことを知っている。そこで、「あの人、会社で冷遇されているのよ」と噂話《うわさ》をする。あるいは、面と向かって、「冷遇されているわね」と嫌みを言う。

拒否されて傷つく前に相手を攻撃する。攻撃は自分が傷つくことを避けるための行為である。

ロロ・メイの著作に出てくるアグニスの攻撃が、これである。「こちらが他人を

攻撃すると、他の人たちに自分を拒否できなくさせることができ、自分は不安に落入らずにすむという方式である。」[註18]

その特徴は、些細なことでも攻撃がおこなわれるということである。些細なことで怒る。それは、些細なことがその人を不安にするということである。

所属への欲求など基本的欲求が満たされていない人は、たいてい神経症的パーソナリティーで、言うことと、することが常に矛盾している傾向がある。

心の底の、そのまた底では、安心や人との触れ合いを求めているのに、敵意と攻撃性が前面に出て、人を遠ざける。

このようなことはなかなか信じられないかもしれない。しかし、フラれた恋人に対して批判する人を考えれば、理解できるのではないだろうか。

激しく批判をしながらも、元恋人にいまだに未練がある。というよりも、フラれた恋人に未練があるからこそ、激しく批判をする。

小さな子どもが、母親の関心を引くために母親の嫌がることをする。同じように、欲求不満な女性は、好きな男性の関心を引くために、その男性の嫌がることをあえて言う。

「ある型の不安が攻撃感情の土台をなしていることはしばしば発見されることである。」[註19]

不安と劣等感と敵意は深く結び付いて、その人のパーソナリティーを形成している。

「もしわれわれが、他人を自分自身の意志に従はせる以外に、不安から救はれ得ないとなれば、不安を和らげる方法はどうしても、本質的に攻撃的とならざるを得ない。」[註20]

したがって、彼らは敵意と攻撃を表現しながらも、それとは裏腹に相手との関係を求めているということがあることを忘れてはならない。

ただ、現実にはこういう人と付き合うのは難しい。毒のある人で、相手が嫌なことばかり言うから、どうしても普通の人は、その人から離れたい。または離れていく。

不安な人がもつ強烈な敵意

外面がよくて内面の悪い人は、外の人には「社会的結び付き」を求めて迎合し、奥さんには不安から敵意ある攻撃性が表れて横暴になる。

両方とも間違った不安回避の方法であるが、両方とも安心を求めている。しかし、現実には安心はできない。

奥さんに対して敵意ある攻撃性を示すのは、優越することで奥さんを支配しようとしている。そして、支配することで安心することを求めている。

同じように、子どもに対して敵意ある攻撃性を示す父親がいる。優越することで子どもを支配しようとしている。そして、支配することで安心感を求めている。

ある不安な父親である。前後の関係もなく、突然「俺の友人は、日本を支配しているんだ」と叫んだ。家に居場所のない父親である。

ロロ・メイが指摘するまでもなく、不安な人には大量の敵意がある。その敵意が仕事を通して表現されてくる場合がある。

家庭裁判所で、離婚調停中の一方の当事者を調停委員がいじめる。離婚の調停活動を通して、調停委員の隠された敵意がある一方の当事者に向かって表現される。調停ではなく、いじめである。

この場合、明らかに調停委員の「日常生活の攻撃性」の置き換えである。

弁護士が依頼人をいじめたり、医者が患者をいじめたりということは、いくらでも起きている。情緒的に未成熟な弁護士や医師、離婚の調停委員などは、弱い立場の依頼人や患者に、攻撃性の置き換えをして、日常生活における自分の心の葛藤を癒す。

「基本的不安は、潜在的に敵意を含んだ世界に直面したときの不安である。[註21]」

したがって、深刻な劣等感のある弁護士や医師、離婚の調停委員は、極めて危険な人々である。徹底的に依頼人や患者をいじめる。自分の人生がうまくいっていないことに対する不満を、職業的活動のなかへ置き換える。

彼らの職業的活動に攻撃性の置き換えが隠されているときには、もっともわかりにくい。

患者に不必要な不安を与えて、心の底で満足している医師がいる。

人権という正義の名のもとに、依頼人にひどい不利益な疑似弁護活動をして、小さい頃からの劣等感を癒している弁護士がいる。隠されたいじめの横行である。

攻撃性の置き換えと反動形成が、同時に起きることがある。これがもっとも理解できない。

深刻な劣等感のある医師が、患者に敵意をもつ。それを抑圧する。その反動形成として過度の思いやりを誇示する。アドラーはこれを、「社会的に表現された攻撃性」と表現している。[註22]

社会的に表現された攻撃性は、誇大なお世辞、媚《こ》び、顕著な優しさ、友人や両親への過度の心遣いなどに表れる。[註23]

攻撃性は、自分にとって危険な人には置き換えられない。安心感のある人に向けられる。深刻な劣等感のある医師や弁護士は、決して医師会や弁護士会で力のある人に、攻撃性の置き換えをしない。

したがって、攻撃性はその人から保護されたい、あるいは優先的な立場を得たいというところから出発する。[註24]

これは、子どもの研究者として名高いボウルビィの観察とも一致する。

自分の好きな保育士さんが、他の子どもを世話すると怒る。好きな保育士さんから保護されたいから、他の子を保護すると怒るのである。

攻撃的な子どもが家族のなかで思うようにいかないときに、暗いコーナーに閉じこもる。[註25] いわゆる引きこもりである。

引きこもる子は、もともとは攻撃的な子どもである。それが挫折して引きこもった。

彼らは、愛を求める気持ちを汲み取ってもらえなかった。その結果、引きこもった。要するに、引きこもりはふて腐れているのである。

弱さを見せてくる人に要注意

攻撃性は、悲観主義や惨めさの誇示など、弱さに変装する。

悲観主義は、巧妙に擬装された攻撃性である。[註26] 悲観主義でものごとを解釈するのと、楽観主義でものごとを解釈するのでは、取りまく世界は違って見える。

次の例は、攻撃性が不安に変化している母親である。この母親の心は、いつも怯えている。怯えた心で現実を希釈する。

五十歳の母親が、小学校六年生の次男の不登校のことで相談にきた。

「いじめによる不登校だ」と母親は言う。

「どのようにいじめられるのか」と聞いてみると、「叩かれる」と言う。極めて漠然とした答えである。

「仲間が三人グループで、自分の子どもだけがやられる」と言う。しかし、どうも言うことが確かではない。

具体的にその子の生活を聞いていくと、「ラグビークラブにいた」と言う。活発な子である。

不登校というが、詳しく聞いていくと、「明日、学校に行きたくない」と言ったことが不登校ということの大きな理由のようである。

私が、「学校に行かなかったのですか」と聞くと、「泣きながら行った」と言う。

この母親は子どもに、「こうであってほしい」と願い、少しでもその願いと違うと、「不登校に違いない」と判断してしまう。

この母親は、「こと」が起きると悪いこととしてとらえる。

この子には、好き嫌いがない。単純に、「助けて」と言っているようである。

だが親は、「学校に行きたくない」と言われると、それだけで「すごいことが起きた」と思ってしまう。

たいしたことではないのに、すごいことが起きたと思ってしまうのは、その人の心のなかが怯えているからである。

その人の心のなかがすごくなっているから、外で起きたことをすごいことに解釈してしまう。

驚かないで、「この子の心に補充すべきなのは何か」と積極的に考えればよい。

この母親が、自分の心の葛藤を解決することを考えないで、子どもの不登校を解決しようと騒いでいれば、いつまで経っても悩みは解決しない。

そして、自分の家が火事でないのに、「火事だ、火事だ」と騒いでいれば、次第に周囲の人から孤立していく。

孤立してしまう多くの人は、自分を取りまく事実の解釈に間違いがある。

ありのままの現実を見ないで、自分の心の葛藤に適するように現実を歪《ゆが》めて解釈している。

不登校ではないという事実を、不登校と解釈することで、自分の心の葛藤から目を背けていられる。

この母親は、自分は誰に攻撃性をもっているのか、と正面から向き合うことでしか解決の方法はない。

現実否認というのは、常に自分の心の葛藤から目を背ける手段である。だからこそ、悩みは深刻化し、社会的に孤立していく。

第6章 標的にならないためには

我慢が人を攻撃的にする

攻撃性の置き換えで悩みを解決しようとする「ずるい人たち」が、右を向いても左を向いてもいる世の中になってきた。

現実にそういう世の中で生きている以上、強くならなければならない。つまり、他人の心の葛藤の解決に巻き込まれないように、気をつけなければならない。

具体的には、攻撃性の置き換えの対象にされないようにしなければならない。

他人が自分のことをどう思っているかを気にする人は、他人の心の葛藤の解決に巻き込まれる。そして、自分を殺す。

そうでなければ、自分がそういう人の餌食になって、今度は自分よりさらに弱い者をいじめてしまう。

自分が攻撃性の置き換えの対象になってしまうことで、今度は自分自身がどうしても弱い者をいじめてしまう。

たとえば、いじめられて傷ついて我慢して生きていれば、気がつかないうちに自分が攻撃性の置き換えをする。

自分自身が、「正しさ」を盾にとって弱い者をいじめる。意図せずに、知らないうちに、そういう心をもってしまう。

自分だけは攻撃性の置き換えをしないなどと考える人がいたら、それこそ身のほどを知らない危険人物である。

自分は人間ではない、神様であると言っているようなものである。

理性的には、どんな立派な人間でも、情緒的未成熟なら不満なときに、甘えられる人がいればその甘えている人に、不満を吐き出す。

自分の不満の本当の原因である人に攻撃性を向けないで、自分が甘えている人に、攻撃性の置き換えをする。それは、会社でも家族でも同じである。

自分より弱い者がいないときには、自分をいじめる。自律神経失調症になったり、喘息になったり、不眠症になったり、偏頭痛になったり、心身にさまざまな症状が表れる。

そして最後には、うつ病になったり、自殺をすることすらある。

夫への不満を、子どもの受験に置き換えている母親も多い。いわゆるお受験ママである。夫への不満が深刻な母親ほど、子どもには厳しい。

子どもに対して非現実的なほど高い期待をかけるなども、配偶者への敵意の置き換えである。攻撃性の置き換えは至るところで起きている。

これが世間でいう、喧嘩をしない「仲のいい夫婦」である。

そうした「仲のいい夫婦」である両親は、立派なことばかり言う。愛の仮面をかぶったサディストである。

弱さと優しさは隠しなさい

親が子どもを虐待するのも、同じことがある。

真面目な母親がいる。夫に対して不満である。あるいは、姑に対して不満である。しかし、それらの人に対する怖れから、不満を直接表現できない。攻撃性を向けて、自分が損をするところには直接には攻撃性をなかなか向けられない。その人に対して怒りをストレートに表現できない。

規範意識の強い人も、攻撃性の置き換えをしやすい。「偽りの規範意識」が強いから、本当の怒りの原因を意識できない。もちろん、直接表現できない。

そして、攻撃性は弱いところに向かう。攻撃性を向けるのは、心の優しい身近な人である。そういう人が攻撃性の置き換えにはもっとも都合がいい。

それらの具体例が、真面目な親による幼児虐待である。不満な親は、強くて戦う子を虐待しない。弱くて優しい子を虐待する。

その優しい幼児より、もっと弱い者がいる。それが、小さい頃から権威主義的な親から従順を強いられ、意志をもつことを禁じられた子どもである。

他者に向けるべき攻撃性を自分に向けてしまったのが不眠症であり、自律神経失調症であり、燃え尽き症候群であり、うつ病であり、自殺である。

これは何も、うつ病や自殺、幼児虐待などの極端なことだけではない。攻撃性の置き換えでものごとを処理するのは、暗い世間の法則である。

あるホテルの人が、「騒ぐお客さんがいると、それをおさめるために譲る人がいれば、その人に譲ってもらって解決する」と言っていた。世間体を気にする銀行や大企業のようなところは、相手が譲れば譲るほど、図に乗る。

公の機関でも同じ場合があろう。たとえば、住民同士が揉めたとする。「わがまま勝手に騒いだほうが勝ち」ということも多い。そういう、体裁を気にするところも騒がれることを嫌がるから、譲る人がいればその人に譲ってもらうことで解決する。

いつも譲ってもらっていると、「譲ってもらう」という気持ちが次第に、あの人に「譲らせる」ことで解決するような習慣になる。

会社の人事などでも同じである。騒ぐと困る人は、騒がないように扱う。そして、一方が譲れば譲るほど、譲ることが当たり前となる。

面倒くさいトラブルは、譲る人のほうに譲らせて、トラブルをおさめることが当たり前となる。とにかく無責任な世間は、「円満に解決」していこうとする。それは、疑似円満解決である。

社会的には円満に解決しているように見えるけど、関係者の心理的問題は解決していない。譲らされたほうは、心の底に不満を蓄積していく。本当の円満解決など、まずない。

黙っていてはいけない

連帯保証人が二人いたとする。銀行は取りやすいほうからお金を取る。正当な権利のある、お金のあるほうから取るのではない。

弱い人を犠牲にしてトラブルをおさめるのは、もっとも安易な解決法である。うるさく騒ぐ人や、わがままな人には手を触れない。それが現実の世の中である。

私の親族が、ある中小企業の社長と二人で、ある人の車の連帯保証人になったことがある。

車を買った人が、初回の支払いだけでその後全額払えなくなった。そのときに車を売った会社は、なんと連帯保証人ではない私に厳しい取り立てをしてきた。それはまさに、世界に冠たる大企業である。

あるときに、たまたま夜の池袋の喫茶店で、連帯保証人である中小企業の社長に会った。たしか地下一階の薄暗い小さな喫茶店であった。

その中小企業の社長は、お金がたくさんある。その社長が、私になんと言ったか。

「なんにも言ってこないでしょう？　あんなの放っておけばいいんだよ。言ってきたら、取れるものなら取ってみろとすごめばいい」と言った。

そのときに私は驚いた。連帯保証人ではない私のところに厳しく取り立てる車の販売会社が、本当の連帯保証人のところには催促の電話すらかけていない。なんの連絡もしていない。

当時、私は二十代後半であったが、次々にベストセラーが出て有名になっていた。彼らは正当なところから請求できる権利があるにもかかわらず、正当なところにはまったく請求しない。不当なお金でも、取りやすいところから取ろうと思ったのであろう。

私は呼ばれて会社に行ったところ、担当者の机の上に私の著作が置いてあった。「ベストセラー作家だから世間体を気にするだろう。だから、もっとも簡単にお金を請求できる」と思ったのであろう。

要するに、世界に冠たる大企業といえども、取りやすいところからお金を取るのである。

公的なところであろうと、大企業であろうと、相手に少し厳しいことを言ってみる。すると、相手は引いた。催促するほうは、「もっと厳しいことを言えばよかった」となる。

脅して騒ぎがおさまるなら、世の中どこであれ脅して騒ぎをおさめようとする。

会社にはよく、「上に弱く、下に強い」という人がいる。上には面従腹背で、心の底には不満がある。その不満を、下に置き換えて表現する。これはまさに、攻撃性の置き換えである。

もっと一般的に言えば、世の中にはよく、「うるさいところに弱く、黙っているところに強い」という人がいるということではないだろうか。

戦う人は攻撃対象にならない

ある「仲のいい夫婦」が、隣地を侵食してかつ違法建築の家を建てた。その奥さんが、合法的な隣の家に向かって、「この家は違法建築だ」と道路から叫び続けた。

隣の家は仕方なく裁判を起こした。もちろん、全面勝訴である。すると、「仲のいい夫婦」が離婚した。

その奥さんは、夫への攻撃性を隣の家に向けて、本当の原因から目を背けていたのである。それが、裁判の敗訴でできなくなって、夫婦関係に直面せざるを得なくなって離婚となった。

攻撃性の置き換えができなくなって、離婚せざるを得なくなった夫婦は多い。

だから、こちらが不当な力と戦うことを怖れていると、とんでもないことになる。

隣の家族が、「喧嘩もしない仲のいい家族」という世間体を維持するために、こちらの家族が神経症になるということはいくらでもある。

自分の家族のなかにある攻撃性を、隣の家に置き換えた結果、自分の家はかろうじて平和を保てた。しかし、相手の家族は全員神経症になったのである。

これは、家族の関係から国家同士の関係まで、法則は同じである。

努力しても努力しても、周囲の人から搾取されるだけで終わる人がいる。真面目に働き消耗する人たちである。

それは、ビジネスパーソンばかりではない。「仲のいい夫婦」の子どもが、いい子だけど対人恐怖症や拒食症など、問題を起こすことがある。

子どもが治療に成功して、きちんと自己主張できるようになると、「仲のいい夫婦」が離婚せざるを得なくなることがある。

夫婦の間にあった攻撃性を子どもに向けていたが、子どもが自己主張できるようになって、それができなくなったからである。


イソップ物語に次のような話がある。

大勢の人に踏みつけられたヘビが、ゼウスに訴えると、ゼウスは次のように言う。

「初め、あなたを踏みつけた人に噛《か》みついていたら、後から来る人には踏みつけられなかったろう」

初めて会った人とは、たとえば初めて一緒に仕事をした人である。初めて共同出資した人である。

とにかくずるい人の提案は初めに断る。断らないと、ハゲタカが集まる。

世の中に不満な人が山ほどいる以上、その不満の攻撃性は、本当の原因のところではなく、弱いところに置き換えられる。それは幼稚園児や小学生、ビジネスパーソン、大国同士の国際紛争解決の方法であろうと同じである。

世間の目ばかりを気にして、自分の意思をもたないかぎり、不当な攻撃性から解放されることはない。

神経症的要求に応えてはいけない

攻撃性の置き換えの過程でひとつ注意しなければならないことがある。それは、怒りが要求に変化することである。

本当は上司に怒りを感じている。あるいは望むように社内で出世できないことに怒りを感じている。その怒りを妻に置き換える。そして、妻に直接的に怒りを向ける。

その場合、直接、非難や罵倒をすることもあるが、違った形をとることもある。それは怒りを隠して、妻にさまざまな非現実的な要求をする人である。つまり、怒りが要求に変化している。

カレン・ホルナイが使った「報復的正義」という言葉がある。報復的正義は、退行の防衛機構である。正義を持ち出して弱い者をいじめる、攻撃性の置き換えの悲惨な例である。

しつけと称して子どもをいじめるような合理化も同じことである。退行欲求の強い人は報復的正義や合理化などの防衛機構で行動する。

ジョージ・ウェインバーグは、次のような例を挙げている。

「例えば、母親をたたきたい少女は、その代わりにいつも兄の欠点を見つけます。この対象の変化が置き換えの防衛機構です。もし少女が子どもっぽい方法で慎重に行動したら、怒りを要求のようなかたちに変えて、それを隠すでしょう。これが退行の防衛機構です。[註27]」

神経症的要求のような非常識な要求は、怒りの変化した姿である。

「今、私が陥っているトラブルはあなたの責任だ。だから、あなたがなんとかしなければならない。早く解決してくれ」という要求は、隠された怒りが変化したものである。

だから、本人は自分の要求していることがとんでもないことだ、とは思わない。周りから見ると、なんと身勝手なひどいことを言う人なのだろうと思うが、責任転嫁のとんでもない要求をしている人にとっては、隠された怒りの感情表現である。

だから、「とんでもないことを言っている」と本人は思っていない。

仕事を探す、幸せになる、困難を克服する、それらは普通の人にとっては大変なことである。しかし彼らは、当たり前のようにそれらを周囲の人が解決することを要求する。

彼らは周囲の人が解決するようにお願いしているのではない。希望しているのでもない。要求しているのである。

あるとき、母親から包丁で殺されそうになった息子から電話があった。

その人は、従順な息子である。親孝行である。しかし、神経症者の母親にしてみれば、それでも息子を許せない。

母親が息子に不満なのは、息子に非現実的なほど高い期待をかけているからである。母親の息子への要求である。

息子は、その非現実的な期待に応える「べき」なのである。

神経症的要求の特徴は、それに固執することである。だから、始末が悪い。息子に非現実的なほど高い期待の実現を執拗に迫る。

神経症者とは、自分のことで精一杯の人である。人のことなど考えられない。

神経症的傾向の強い親は、子どものことなど考えられない。

第2部

トランスフォームする人

昔の関係が解決していない

精神病の心理療法家として著名なフロム・ライヒマンは「トランスフォーム(transform)」という言葉を使っている。

トランスフォームとは、「移し替える」ということである。

たとえば、ボストン大学で取った単位を早稲田大学の単位に「移すこと」がトランスフォームである。

普通預金口座から定期預金口座にお金を「移すこと」がトランスフォームである。

同じことが人間関係でも言える。つまり、今現在ある人と付き合っている。それが恋人であるか、同性の友人であるか、職場の人間関係であるか、夫婦関係であるかは別にして、その人といろいろと困難な問題を抱えている。その今のトラブルは過去の未解決のトラブルを移し替えたものであることがある。

たとえば、その人が小さい頃から父親との関係で「服従と敵意」の矛盾した関係に悩まされていたとする。表面的に父親に服従しているが、無意識では父親に敵意がある。

そんな矛盾した関係をいまだに心理的に解決できていない。それを、今付き合っている人に、移し替えることがトランスフォームである。

つまり、今の近い人に素直になれない。

「我々の大人になってからの人間関係の困難さは、小さい頃の人間関係の点から理解されなければならない。[註28]」

「我々の大人になってからの人間関係は、小さい頃の重要な他者との人間関係における未解決の困難が転移したものである。[註29]」

「後年における対人的困難は初期の強い対人的結び付きの観点から理解されなければならない。ことに患者の医師についてのいろいろな経験は、精神療法の目的のために研究され理解されなければならない。そうした経験は、患者の幼児期の重要な人との対人関係における、未解決な困難から置き換えられたものである。[註30]」

今現在の対人的結び付きというのは、幼児期の重要な人との固い結び付きのトランスフォームであることが多い。

大人になっているのに幼児期の重要な人からの束縛に苦しめられている。つまり、大人になった今、対人的困難でいろいろと抱えているのは、幼児期に重要であった人からの束縛からいまだに逃れられていないということである。

心理的束縛から逃れていない

ある二十八歳の若者が何回職場を替えても上役とうまくいかないと悩んでいる。

彼は、「自分は、今の上役とうまくいかない」と思っている。しかしそうではない。過去の父親との関係が解決していない。

彼には反抗期がなかった。父親に対する服従で、反抗期を避けて生き延びた。しかし無意識では父親には激しい敵意がある。その父親への隠された敵意が、今の上役にトランスフォームしているのである。

彼は何度職場を替えても上役とはうまくいかないだろう。それは今の上役との関係が本質的な問題ではないからである。

とにかく自分の幼児期に重要であった人からの心理的束縛から逃れることが死活問題である。

ある母親が子育てで嘆いている。「妹のほうが荒れる」と妹娘を非難する。「姉のほうは良い」という。

その母親は、「同じように育ててきたのに、この子はなんでこんなになったんだろう」と妹娘のことを嘆く。

この母親は小さい頃、親からいじめられていた。

最初の結婚で、夫から殴る蹴るをされた。そして今の結婚。

この母親は、妹娘のほうに「結婚したら我慢しなさいよ。夫から殴る蹴るをされても」と言う。とにかくこの母親は妹娘のほうにつらく当たる。

実はこの母親は、今までの人間関係がまったく未解決のままである。自分自身の親子関係がまだ済んでいない。

親への憎しみがものすごい。最初の結婚の夫にも憎しみがある。それら未解決の問題をすべて自分の妹娘にトランスフォームしている。

この母親自身が自分の親との関係、夫との関係を解決しなければ、今の問題は解決しない。

この母親は「とにかく今のイライラが直りさえすればよい」という態度である。

しかし、その態度ではいつになっても今の問題は解決しない。

コーポレイト・ネガホリズム

全米を講演やセミナーで駆けめぐるシェリー・カータースコットという経営コンサルタントがいる。その人が伝染性症候群「コーポレイト・ネガホリズム」について本を書いている。

「コーポレイト・ネガホリズム」とは、「社員が無意識のうちに自分の力をみくびり、望みは叶わないものと決め、ついには自分の願いばかりでなく所属する組織の夢や願望をも打ち砕く、一連の症候群を指す。」

「コーポレイト・ネガホリズムは、社員が子ども時代に身につけた消極性や問題行動を職場にもち込むことによって起きる。これに気づかず放置しておくと、組織はそうした問題行動に乗っ取られ、支配されるようになる。[註31]」

つまり、会社の人間関係でも基本はそれぞれの社員が過去の心理的未解決の問題を、今の社員同士の人間関係にトランスフォームしているということである。

次は、その本のなかのある例である。

マーケティング部の部長のトビーと、その女性部下とはうまくいっていない。部下は部長からほとんど助力が得られないことに不満がある。それに対して部長のほうは、「自分は大人と働きたいと思っている、つまらないいさかいにいちいちクチバシを突っ込むのは御免だ、部下のグチや泣き言にいちいち付き合ってはいられない」と言う。

その部長と女性社員とがうまくいかない原因を著者は皆と面接しながら探り出す。すると女子社員とうまくいかない部長の原因がわかり出す。

「私は六人きょうだいのなかで育ちましたが、男の子は私だけでした。母と私は心の通い合った親子でした。ところがなぜか、ある日突然母がいなくなったのです。それから何週間か経って母はノイローゼにかかっているのだと知らされました。母がいなくなったとき、私は母の代わりに妹たちの面倒を見なければと思いました。

やがて母は帰ってきましたが、すっかり別人のようになっていて、前のような親密な間柄にはもう戻れませんでした。失われたときを埋めることはできなかったのです」

彼は目を潤ませていた。

「そのときのことを思い出すとどんな気持ちになりますか」

「心が乱れ、気持ちがたかぶります」

「そのときのことで、他に何か話しておきたいことがありますか」

「あの頃のことはすっかり過去のものになっていると思っていましたが、私がキャロルに感じる気持ちは、昔、妹たちから何か要求されたときに感じた気持ちとまったく同じものです。母がいなくなった後、責任の重さにどれほどプレッシャーを感じたか今でもよく覚えています。考えてみれば、私はわずか十三歳で妹たちの父親になったわけです」

彼は「思いがけない発見をした」といった面持ちで言った。

「今のお話はあなたの現在の職場における状況を考えるうえで参考になります。子どもの頃の五人の妹さんとの関係が女性一般との関係に尾を引いているようですね。あなたは人格形成期に、女はいつも自分が与えられる以上のものを要求すると思うようになったわけです。もしそうだとすれば、あなたは今、キャロルやテリーや部下を相手に、五人の妹さんたちとの関係を再演していることになります。部下が全員女性というのも因縁めいた話ですね」

トビーは傍目《はため》にもそれと見てとれるほど気持ちをたかぶらせていた。それまで心の片隅に埋もれていた記憶が今鮮やかに蘇《よみがえ》ったのだ。最近のある感情を出発点とし、時間をさかのぼり子どもの頃の経験にそうした感情の源を見いだしたのである。その原体験が今もなお彼の心に焼き付いていて、関わりをもつ女性すべてをそうしたフィルターを通して眺めていたのだ。

この発見によって、彼を取りまく現在の状況に新しい光が投げかけられた。気持ちのたかぶりがおさまると、私は彼にそうした過去や当面の問題をどう処理したいと思うか尋ねた。彼はまず妹たち一人ひとりに会って昔の関係を癒すところからはじめたいと言った。

彼はかつて自分には五人の妹の親代わりを務める責任があると思い、それを重荷に感じ、無力さを感じていたが、今そうしたものから解放されたいと思っていた。[註32]

断念こそが唯一の出口

マイナスの感情は自分についての情報である。

その情報のなかで、その人の感情の真偽を見分けるのに重要な役割を占めるのが、トランスフォームである。

不愉快な感情も過去の未解決な問題がトランスフォームしていることが多い。

幼少期に周囲の人から世話という名で干渉された。すると大人になっても「世話をされる」と不愉快になる。

昔と今とは状況が違う。だから、今が不愉快ではないはずなのだが、今世話されることが不愉快に感じてしまう。生活習慣病という言葉があるが、感情習慣病というべきものがある。

何か不愉快な感情に襲われたときには、自己発見のチャンスである。

「自分はトランスフォームしていないか」と自分に尋ねてみる。

今嫌いだと思っている人は、本当に嫌いな人の身代わりかもしれない。

気になる人、無視できない人、その人と会うとそれ以後、一日中不愉快になる人、そういう人は、自分の過去の人との未解決な問題がその人にトランスフォームされているのかもしれない。


「私は実の父親を知りません」と言った女性がいる。その女性にトランスフォームのことを説明した後である。

彼女は、夫や子どもに、「私は、しつこく、ああしてくれ、こうしてくれ、なぜわかってくれない」と求めていたという。

そして最後に「私の心のどこかに父親の姿があった」と言った。彼女は、自分の夫や子どもを、自分の父親にしてしまっていたのである。

「あらゆる断念は『なされ』なければならぬ」とフランクルは言う。「この断念行為は偶像視とまた同時に絶望から人を守る唯一のものでもあります。[註33]」

絶望は、新しい世界への入り口である。古い世界からの出口である。

「私は実の父親を知らない」、これを受け入れる。これが断念である。自分はそういう家庭に生まれた、それが自分の運命である。

自分の運命を受け入れる、これが断念である。そしてこの断念を通して、人は自分自身の人生を固有の人生と感じることができる。自分自身の人生の意味を感じることができる。

断念をしないと「自分の夫や子どもを、自分の父親にしてしまう」。そして自分自身の人生を固有の人生と感じることができない。

「自分の人生の意味を知る人――そういう人だけがすべての困難を最も容易に克服することもできる。[註34]」

「断念すること」でトランスフォームの影響はなくなる。

不安定性愛着を引きずる人

人間関係のトラブルの原因は、正確に言えば不安定性愛着そのものではなく、不安定性愛着のトランスフォームである。

不安定性愛着とは、小さい頃自分の愛着人物との関係が不安定なことである。たとえば好きな母親との関係が不安定なら、その後の人間関係に影響を与える。

問題は、その小さい頃の不安定な関係を、大人になっても、そのとき、そのときの人間関係に移し替えてしまうことである。

たとえば情緒的未成熟な人は、相手を困らせることで注目を得ようとする。そうすると相手を困らせることが会話になる。

いつまでも親にしがみついているからコミュニケーションが下手な人になる。

いい大人になっても「自分の親はこういう親だった」ということを受け入れることができない。

どんなひどい親であろうと「自分の親はこういう親だった」ということを受け入れることは崖から飛び降りるようなものである。しかしそこで悟りをひらくことができる。

自分の人生を受け入れるという断念を通して、トラブルの道を断ちきれる。

自分の人生を受け入れるという断念を通して、ヘロインへの道を断ちきれる。

断念は情緒的成熟と切り離せない。

人は、一つひとつの断念を通して成長していく。

「ノイローゼにおいては、子供時代に克服されなかったテーマが果てることなく反復されている。（中略）特に、子供の親に対する関係が後になってその子供が結婚する場合に決定的な影響を与えている。[註35]」

もちろん未解決な人間関係の問題は親子関係ばかりではない。

遠い昔の青春時代の人間関係もそうだろう。嫌いな人に好かれるために無理をしていた。そして大切な青春を失った。少年少女期に恐怖感を学習してしまったので、大人になってからも嫌われることが怖い人もいる。

かつての職場の人間関係もある。その恨みを夫を通して晴らしている妻もいるだろう。時代を超えた攻撃性の置き換えもトランスフォームのひとつの形である。

子どもには「抱かれたい」本能がある。そして保育士に抱かれて気持ちよかった。その保育士さんが他の子を抱いた。子どもはその保育士さんに怒りをもつが、同時に保育士さんにしがみつく。

この保母さんとの関係が、大人になって恋人にトランスフォームすることがあるかもしれない。

恋人に怒りをもつが、恋人にしがみつく。不安定性愛着は怒りでもあり、憎しみでもある。でもしがみつく。

ボウルビィは「恐怖への敏感性の程度は、愛着人物の存在・不在に大いに左右される」[註36]と述べている。

小さい頃、疲れ果てていても家の仕事をきちんとしなければ親からすごく怒られた。その恐怖感が心のなかにしっかりと残っている。

小さい頃に学習した恐怖感が大人になってトランスフォームする。客観的には怖くなくて本人は怖い、それが学習された恐怖感である。

明日の仕事がつらいと思って眠れない夜を過ごす。そして不眠症になる。

親との関係における不安定性愛着の恐怖感が転移して、「明日の仕事はつらいから、今夜はぐっすり寝なければ」という恐怖感になる。そしてその恐怖感が眠れない原因になる。

恐怖感に対する感じ方は、愛着人物に対する信頼感がないときに起きる。

ボウルビィによれば、不安定性愛着の子どもは、嫉妬深く占有的、貪欲にしがみつく。

不安定性愛着の子どもはすぐに怒る。それは憎しみでもある。

「し過ぎる」人が抱いている恐怖

不安定性愛着の人は、日常生活でもさまざまな問題に悩まされる。

眠れないのはフランクルの言うように「眠りたい」という強すぎる願望であろう。耐えられないつらさに耐えていた子どものときの学習された恐怖感が、今夜の不眠になる。小さい頃の恐怖の感覚が大人になっても心のなかに残っている。

今夜眠れなければ、寝不足の体では明日の仕事がつらい。そのつらさに私は耐えられない。そのつらい明日への恐怖感が、床に入ってもその人に不安な緊張をもたらす。

眠りたいという願望が強すぎるのは、不安を動機として眠りたいと願うからである。恐怖に対する敏感性は孤独なほど高い。

不安から恋愛をするのも同じである。その恋愛に求めているのは安心感。それが神経症的愛情要求である。相手に対する愛情要求が強すぎる。

がんばりすぎるのも同じである。すべて「し過ぎる」ことは不安を動機としている。がんばることで安心を手にしたい。

それは真面目すぎるのと同じである。真面目になることで安心しようとしている。「し過ぎる」人は無意識に恐怖感があるのだろう。たとえば親との関係で「敵意と服従」「敵意と依存」の関係にあった。あるいは積極的関心を払ってもらえなかった。そのことに対する怒りや恐怖感が無意識にある。

もちろん本人はそうした敵意や恐怖感を意識していない。しかしいずれにしろ親との関係は心理的に未解決である。その心理的に未解決な問題が、現在の日常生活のさまざまな行動にトランスフォームする。

仕事依存症にしても、何か心理的に未解決な問題から目を背けようとして仕事をしないではいられないのだろう。仕事をすることで心理的に未解決な問題から目を背けていられる。

仕事で不安を静めようとしている。すると「もっと、もっと」仕事をしなければと思うようになる。

不安を静めるための恋愛、不安を静めるための仕事、不安を静めるための真面目さなどいろいろなことがある。それらの不安を静めるための行動は強迫的になる。

つまり、そうしないではいられない。

仕事に専念することで自分を忘れることができる人は、現実に直面して生きてきているから、「もっと、もっと」にはならない。

屈辱を屈辱と感じていない

他人と親しくなれない人がいる。

Fear of Intimacy とか Escape from Intimacy という言葉が英語の論文にしばしば出てくる。これらの恐怖感の原点は、不安定性愛着の人との恐怖感がトランスフォームされたものである。

すぐに怒る人がいた。ところがあることに気がついてから嘘のように怒りが消えたという。

それは「ああ、そうか、私は、よく戦ったのだ」と思えたときである。

その人は、気がつかないままに高校時代に皆にいじめられていた。もちろん暴力によるようないじめではない。隠されたいじめである。

高校卒業後にある場所での合宿があった。その人に言わせると、それは言葉による集団リンチであった。

しかし、彼はそれ以前にすでに皆にとっていじめの対象であった。いじめることで周りの皆は自分たちの心の傷を癒していた。そのことに彼は気がついていなかった。彼はその「隠されたいじめ」に、大人になってから、あるときに気がついたのである。

「ああ、そうだったのか」と彼は思ったという。

隠された憎しみが意識の上にのぼってきた。そして、「ああ、いじめられていたんだ」と思ったときに、世界は明るくなったという。周りの人への感じ方が変わったという。

高校時代に関わった「仲間たち」への隠された憎しみが、大人になったときに関わった人に転移してしまう。

そうすればちょっとしたことで「あいつを許せない」という怒りの感情になる。しかし本当に怒っているのは昔、自分を集団でいじめていた人たちである。

意識の上では忘れているが、トランスフォームはされる。無意識の世界には刻印されている事柄がたくさんある。それら一つひとつを意識の上にのせて、心の整理をしていかないかぎり、人は呪われた過去から縁を切ることはできない。

無意識の世界に刻印されている怒りの体験、恐怖感、屈辱の体験は、人が想像している以上に多い。

屈辱の体験を屈辱と感じないのは、淋しいからである。その仲間と離れるのが淋しいからである。

「あの人たちは、自分の仲間ではない」と気がついてしまえば、「私には友だちがいない」という孤独に直面してしまう。孤独の恐怖感が屈辱感を無意識に追いやる。それでなければ、なんでそこまで、今身の回りに起きていることに、ことごとく怒りの感情をもつのであろうか。

屈辱の体験を屈辱とは感じないで生きてきた人が多い。しかしそれはあくまでも意識の世界での出来事で、無意識の世界では屈辱はきちんと屈辱として刻印されている。だからこそ人はよく「何か変だ」と感じるのである。

皆救いのない努力をしている

怒っても怒っても気が済まないときには、それは過去の屈辱の体験に今の自分が支配されていると疑ってみることである。

忘れ去られた屈辱の体験というよりも、意識することを禁じられた屈辱の体験と言ったほうが正しいであろう。なぜなら、一度としてそれらの体験を屈辱と意識していないのだから。

それは過去においてそれらの仲間が必要だったからである。依存心が強かった、淋しかった、一人では生きられなかった、さまざまな心理的事情から、屈辱を屈辱と意識できなかったのである。

周囲の仲間は、その人をいじめて心を癒していた。そしてその仲間はその人を絶対に手放さない。なぜならいじめる側にとっては、自分たちが生きていくためにその人をいじめることが必要だったからである。

しかしいじめる側は、いじめによって心の傷を癒すことはできない。そしていじめられる側は、恐怖感によって神経回路に変化が起きている。ストレス・ホルモンが異常に分泌されてくる。

いじめる側も、いじめられる側も、救いのない努力をしているだけである。

それは、家族のなかでも同じである。

親は自分が一番必要としている子をいじめる。家族皆でいじめる。その子を家族のなかで仲間はずれにする。そうして家族皆は心を癒す。

欲求不満な親は子どもをいじめることで心を癒す。

親は、なぜ自分が一番必要としている子をいじめるのか。それはその子をもっと自分のほうに注意を向けさせようとしているからである。

これはボウルビィのいう「親子の役割逆転」のなかでも深刻な例である。「親子の役割逆転」とは親が子どもに甘えることである。役割が親子で逆転している。

絶えず隠された怒りに苦しめられている人は、家族からも仲間からもいじめられていたのである。周囲の人の慰み者であった。

そして脳のなかには恐怖感の新しい神経回路ができ上がってしまった。大人になって状況が変わっても現実に恐怖でないことにも恐怖を感じる。

なぜ、神経症になったのか。それはマズローその他の偉大な精神医学者が言うように基本的欲求が満たされなかったからである。

そして本人は「断念ができなかった」からである。

しかし問題はその後である。

基本的欲求が満たされないという心の弱さを、質の悪い人に利用されたのである。そこで皆の慰み者になった。

心の弱さがなければ、皆に弄ばれない。ずるい人は寄ってこない。ずるさは弱さに敏感である。

今関わった人一人を許すことは過去のすべての人を許すことである。だからこそ、あまり関係のない「その人」を許せない。今関わった人が、自分より弱い場合には、その人を絶対許せない。

自分を被害者にする人

人は成長の過程で、誰でも「守ってもらう」という体験で安心感をもつ。しかし小さい頃、その「守ってもらった」という体験がない人がいる。

そのときには不安な緊張と恐怖心で生きているが、無意識には恨みが生じている。誰も自分を守ってくれないという恨みが無意識には蓄積されていく。

同時に「守ってもらいたい」という欲求は抑圧されたままで心のなかから消えることがない。そしてそれらは絶えず無意識からその人を突き動かしている。

高齢になってから、その欲求を周囲の人に向ける人もいる。

たとえば子どもに向ける。そこで子どもに対する恨みが出る。子どもに対して「この子は親不孝者だ」という感情が生じる。

しかしそれはその人自身の親への感情である。それが子どもにトランスフォームする。

「守ってもらった」という体験がない恨みが蓄積されていた。それを一般化するとどうなるか。いわゆる「ひどいもんだ」交流といわれる人間関係である。

何かあると「ひどいもんだ」と自分を被害者にする人がいる。そして自分の被害をことさら強調する人がいる。

その人自身は今目の前の人との関係で自分がひどい目にあっていると感じている。

しかしそれは過去のひどいことをされた体験の恨みが、今目の前で関わっている人にトランスフォームされているだけのことがある。昔の友人知己である花子、太郎との体験が、今目の前にいる人にトランスフォームされる。

小さい頃、親は弟にはわがままを許していた。兄は勝手なことばかりやっている弟に不満であった。

しかし弟は病弱であった。そこで彼は小さい頃、父親にも、弟にも強いことを言えない。でも父親にも、弟にも不満であった。その不満を今の職場の部下や子どもにトランスフォームする。

ある女性は、「同じことをしていても、上司は自分にだけ注意する」と不満を言う。上司は自分にだけは、良い時期に休暇をくれないと言う。

今いる場所での不公平による不満は、必ずしも今の場所が問題ではないことがある。

夫に甘えられない人

夫に甘えられない妻がいる。夫に甘えられないのは、「父親への敵意を夫にトランスフォームしているから」という場合もある。

まぶたの父親がいる。そのまぶたの父親を、夫との関係にトランスフォームしている。その結果、夫に不満になる。

会社でも同じことが起きている。やりたいことを父親がさせてくれなかった。その父親への不満を上司に向けている。

母親と実の父親は三歳のときに離婚した。彼女はそれ以前から父親と会っていない。

母親は彼女を父親に会わせない。父親に借金があった。会わせないのは、「会うと娘にお金をせびるのではないか」と怖れているからだと母親は言う。母親は父親に恨みがあって、娘に会わせたくない。

彼女は母親に対する恨みがある。それは父親と会わせてくれないからである。

彼女は、自分が結婚した後も母親と仲がよくない。「母親とは会わないほうがいいな」と彼女は思い出した。

彼女は若くして結婚した。家族がいる家庭がうらやましかったのである。子どもも早くほしかった。だから早く結婚した。

形だけを見れば、今の彼女の毎日は充実している。しかし、彼女には父親と一緒のときの写真がない。

母親は父親の借金で今も苦労している。だから彼女は母親の気持ちもよくわかる。彼女は負けず嫌いである。それは世間に対しての気持ちである。彼女は世間に見せつける幸せがほしい。彼女にとって幸せとは、両親そろった家庭をもつというパッケイジである。

彼女は世間を見返したい。そして幸せの形を父親にも見せたい。

彼女は結婚して、今では家庭など形が整った。彼女は四人の子どもに恵まれている。夫も真面目に働いてくれる。形を見れば絵に描いたような幸せな人である。しかし、彼女は幸せなはずなのにどうしても幸せを感じられない。

彼女にとって、世間が自分たちの家庭をどう見るかが大切である。

愛を知らない彼女は世間からの賛美を得るためにがんばった。

結婚してからは段々と世間から認められてきて、幼児的願望が満たされはじめている。だから、負けず嫌いの傾向が次第に弱くなった。

以前は強い幼児的願望があったが、負けん気で幼児的願望を抑えていた。そのため彼女の心には、怒りと憎しみと、その奥に不安がある。

とにかく彼女は誰かに認められたい。彼女は「自分は幸せだ」と思い込もうとしている。そして、思い込んでいる。

しかし無意識では落ち着かない。心の底のそのまた底では安心感がない。

彼女は心の底では夫に甘えられない。なぜか？　夫に憎しみがあるから。

夫に甘えられないのは、父親への憎しみを夫にトランスフォームしているからである。

夫に甘えられていれば、父親の問題は出てこない。しかし父親の問題があるから、夫に甘えられないという悪循環である。

彼女は、父親に「お前を捨てて、悪かった」と言ってもらいたい。

まぶたの父親にも時期がくれば会えるかもしれない。しかし現実の人生の幸せを考えるなら、とにかく「これが自分の人生だ」と実の父親を断念することである。彼女にとって、新しい人生はその断念からはじまる。

彼女の今の結婚生活の満足は、実の父親をどう思うかにかかっている。

過去が整理できれば、今の幸せが待っている。

過去が整理できない今、幸せなはずの人生が、幸せでない。原因は今の状況が原因ではない。

立ち上がりたければ捨てること。断念すること。

親にすがりついて立ち上がれない人。

恋人にすがりついて立ち上がれない人。

お金にすがりついて立ち上がれない人。

断念できない人は立ち上がれない。

第2章

人生で戦うべき戦場

なぜ人を拒否してしまうのか

私は早稲田大学エクステンションセンターの責任者をしていたときに、アメリカのUCLA（カリフォルニア大学ロサンゼルス校）のエクステンションセンターと協定を結んでいろいろな講座を設けた。

ある夏UCLAに英会話の特別講座をつくってもらった。私から見るとUCLAは大学としては一生懸命に日本からの短期留学生の世話をしてくれた。教えることに優れた先生も用意してくれた。

ところが、その語学の先生のうちの一人と、ある受講生の間にトラブルが生じた。受講生は全員、その先生とは初めて会っている。つまり、その先生との関係で言えば、それ以前には受講生とその先生との間にはなんの感情的記憶もない。

時間的にはゼロの関係である。恨みつらみもなければ、恋い慕う関係もない。

もっと言えば、受講生はその先生の授業を受ける前から同じ環境である。あのカリフォルニアの青い空の下で同じようにすがすがしい空気を吸っている。同じ学生寮に泊まり、同じ食堂で食事をし、同じキャンパスを歩き、また同じ部屋で寝ている。

日本にいれば、生活は違うだろう。経済的に豊かな人もいるし、豊かでない人もいるだろう。独身の人も家族がたくさんいる人もいるだろう。しかし、カリフォルニアの青い空の下ではまったく同じ日常生活である。

同じ部屋に寝泊まりし、同じ教室で、同じ英語の勉強をしている。そうしていながら、特定の先生に不満になる人と十分に満足している人がいる。

その先生についていつも文句をいう受講生と、感謝の言葉をいう受講生がいる。

同じ刺激のなかで、人はまったく違った反応をする。

つまり楽しいか、不愉快かは、外からの刺激が違うのではない。外からの同じ刺激に対する、その人の内側の反応が違うのである。

同じ先生に教わって、「あの先生は素晴らしい、授業はよく理解できる」と絶賛する人もいれば、「あの先生は教え方が下手です」とけなす人もいる。

そのうちある受講生から「あの先生はダメだ」という訴えが私のところにきた。私は仕方なく大学側に、その文句が出ている英語の先生を「替えてくれ」と交渉したが、大学側は、いろいろなところで教えている経験豊かな先生で、とても要求に応じられないという。

問題は、なぜその受講生がこれほどまでに反発し、他の受講生が、その同じ先生を褒めたのかということである。

何度も言うように、それ以前に受講生とその先生とは一切接触がない。したがって相手に対して特別の感情的記憶はない。もともと嫌いだったとか、もともと好きだったとかいうことはない。

人にはお互いに合う合わないがある。その受講生たちにも好き嫌いがあるかもしれないが、この場合には役割関係である。友人同士とか、恋人同士という全面的な人格の関係ではない。語学の先生と受講生という一時的な役割関係である。

考えられるのは、特定の先生に反発した受講生は、その人の人生での過去の未解決の人間関係を、その先生にトランスフォームしていたということである。

その受講生は、目の前にいる先生を拒否していたのではない。その受講生が拒否していたのは、過去のある人である。

その人は、今目の前にいる先生を通して過去のある人を再体験していたのである。

受講生のなかには、過去が整理されている人と、過去が未解決な人がいる。受講生の間で、その人が今までに出会った先生は違う。先生から過去に失敗をとがめられた人と、先生から自分では気づかない自分の長所を見つけてもらって励まされた人がいる。その違いは大きい。

愛と憎しみの矛盾した感情

私はその先生に辞めてもらうことをあきらめたのだが、短期留学期間が終わり、送別会のときがきた。大学側は、その受講生からクレームのついた英語の先生を、送別会に招待しなかった。

それを知ったその受講生は驚いた。そして私のところに「そんなつもりではない」と訴えてきた。「どうしても呼んでくれ」と言い出した。

私はいろいろと話を聞きながら、その受講生が、過去の未解決な人との関係を、その先生にトランスフォームしていたことがわかった。どうも小学校のときの嫌いな先生と、その英語の先生の服装その他が似ていたのである。

「小学校のときの先生にいじめられた」と彼女は言う。その先生の不公平さに彼女は傷ついたという。大人になって「あんな先生、私は問題にしていないわ」と虚勢を張って生きていた。しかし本当は心の傷は癒されていなかった。

さわやかな風が顔を撫《な》でるカリフォルニアの青い空の下で、日本での日常生活や日頃の人間関係から解放されて気持ちが自由になり、昔の抑圧された記憶が刺激されてしまったのかもしれない。目の前にいる英語の先生が、彼女の遠い昔の未解決な人間関係の問題を刺激したのである。

それは忘れたはずの先生であった。だが、残念ながら彼女の感情的記憶は忘れていなかった。彼女が「教え方が下手だ」と失望し怒っているのは、今目の前で教えている英語の先生ではなく、実は遠い昔の小学校のときの担任の先生に対して怒っていたのである。

そのようなときには、その人に何を食べさせてもまずいと不満を言う。それは食べるものが問題ではないからである。彼女は深刻な抑圧があるから、まず人生全般に不満なのである。

彼女は実は、その英語の先生が嫌いではなかった。むしろ好きだった。長いこと隠されていた「愛と憎しみの矛盾した感情」を抱いていた。

おそらく、受講中は過去のある先生へのマイナスの感情を、目の前の先生にトランスフォームしていたのであろう。

だが、いざ別れるとなると、もうその先生とは最後である。無意識に隠されていた「愛と憎しみの矛盾した感情」のうちの「愛の感情」が前面に出てきたのだろう。だから今までの態度とは正反対に「送別会には呼んでくれ」と必死になったのである。愛の感情を今の先生にトランスフォームしたのである。

人は、過去を清算しなければ、今を生きられない。客観的にどんなに素晴らしい「今」も、惨めな過去の感情を今にトランスフォームすれば、今の人生は惨めで無意味になる。

よく「今を生きよ」と言われるが、過去を清算しないでおいて、「今を生きよう」と思ってもそれは無理である。

悩んでいる人は今を生きていない。それは過去が清算されていないから、今の幸せに気がいかないのである。過去が清算されていない人たちは、乗り越し乗車をして、まだ払っていない運賃がある。

彼女は目の前の先生を通して過去のある人と話をしていた。だから目の前の先生とコミュニケーションできない。

彼女にとって、その先生とコミュニケーションするということは、先生を困らせることである。それが彼女にとっての会話である。今、目の前の先生を拒否することで、過去の先生に復讐しようとしていたのである。

今の刺激に昔の自分が反応している。彼女は「本当の自分」をわかっていない。

今を生きるとは、現実と接していることである。

過去を引きずっていないことである。

トランスフォームをしていないことである。

自分の弱点ばかりに囚われてしまう人

私たちは、自分の過去の未解決な人間関係を、今目の前にいる人との関係で演じていることが度々ある。

ある女性は、自分の父親が高等学校の校長先生だった。その女性は父親との心理的関係が済んでいない人であった。

父親は男尊女卑で、彼女は父親に憎しみがあった。その女性が就職をして引っ越しをした。隣人が高等学校の教員だった。すると彼女は隣人に猛烈な攻撃性を向け出した。理不尽な非難罵倒が爆発した。

彼女には過去の未解決な問題があった。彼女はおそらく初めから教員である隣人とうまくやっていく自信がなかったのであろう。どうせ何か問題が起きるに決まっていると無意識に感じていたに違いない。

彼女は隣人が、父親と同じように自分という存在を侮辱するとばかり考えてしまった。何かをしようとすると「お前にはできない」と言う父親の言葉が、隣人を通して聞こえてくる。その結果、彼女は自分の弱点ばかりに囚われてしまう。

彼女は引っ越してからなぜか自信を失った。それが隣人との関係をいっそうこじらせた。

そこで先手を打って隣人の非難をはじめた。だが、いくら隣人を非難罵倒しても心の安らかさは得られない。

それは、本当は自分の父親と正面から対決しなければならないのに、対決していない。父親から心理的に自立すれば今の問題はすべて解決する。

自分の本当の問題から目を背けていれば、自分の力を信じることはできない。いくら隣人を非難しても、「私には私固有の人生がある」と感じるようにはならない。

自分にとって本当に問題になっていることと直面することで、「私には私固有の人生がある」と感じるようになる。

隣人を非難しようが、他に引っ越ししようが、問題は解決しない。どこへ行っても「自分を否定した父親」への感情をトランスフォームする人が現れる。

人生で戦うべき戦場を間違えてはならない。

戦うべき戦場で戦う、それが「私には私固有の人生がある」である。

姉との関係を卒業できていない人

過去の人に対するさまざまな感情を今の人に置き換える人は多い。

ある母親は息子のことで悩んでいる。正確には悩んでいるつもりになっている。十七歳の息子が予習復習をしない。「大学にいきたい」と言いながら受験勉強をしていない。母親は「息子の学校の成績が気になる」と息子の無気力なことを心配して悩んでいる。

母親はもちろん息子のことで私のところに相談しにきている。しかし、よく聞いてみると息子の生活は健全である。

さらによくよくこの母親の若い頃のことを聞いていくと、この母親は学生時代に妹に対する怒りがあった。今となってはもちろん忘れたはずの「隠された怒り」である。

妹は学校の成績が良かった。頭が良かった。この母親は、姉としての面子《メンツ》が立たなかった。

この母親はありのままの自分が受け入れられた体験がない。幼児期から親しさを経験していない。

この母親は、若い頃の自分と自分の妹との関係を、自分と息子との関係にトランスフォームしてしまっている。

この母親が認めたくないのは、自分の息子ではなく本当は自分の妹である。それなのに、妹との関係を卒業していないから、息子を認めたくない。

この母親は息子に妹の仮面をかぶせている。息子が自分から妹の仮面をかぶったのではない。息子は仮面をかぶせられたのである。

この母親は過去が清算されていない。息子のことを心配していると言いながら、本当は心配していない。本当は息子を愛していない。

今は結婚して母親になっているのに、心は娘時代の「姉と妹」の関係で生きている。

この母親は自分自身の意志をもてば、過去が清算されていく。自分の能力と、自分の運命の範囲のなかで生きようとすれば、人生の重荷は消える。

トランスフォームは、遠い過去の人への感情を今の人に置き換えていることである。時間の経過を認めない「感情の置き換え」である。

人は無意識の世界におけるトランスフォームに気がつかない。感情の置き換えに気がつかない。

トランスフォームする人は、目の前に現れた人に、自分の幸せを決められてしまう。

本当のことを認めることで、生きるエネルギーが生じる。逆境に耐える力が生まれてくる。回復力が生まれる。

本当のことを認めることは、自己表現であり、自分の立場の確立である。

現実否認は自己の否定であり、自分の立場の喪失である。

離婚した女性がよく言う。夫が怠け者だから離婚をしたと。しかしそれは離婚するための口実。

夫に借金があるから離婚をしたという。これも離婚するための口実。

私は夫を嫌いだから離婚した、それを認めれば、先に進める。

自我価値の防衛に走ると人生は行き詰まる。

落ち込むのは悪いことではない

いったん落ち込むと、次から次へとイヤなことが思い出されてくる。

だが、次から次へとイヤなことが思い出されて落ち込むのではなく、落ち込んでいるから、次から次へとイヤなことが思い出されてくるのである。

生きるエネルギーを消耗すると、不愉快なことに気持ちが引きずり込まれる。

ちょっとした電話一本で、落ち込んでしまう。元気なときならなんでもない電話でも生きるエネルギーがないときには暗く重苦しい気持ちになる。

不愉快な人からの電話一本で、気持ちが沈んで、立ち上がれなくなる。

元気なときならすぐに忘れるような電話でも、落ち込んでいるときにはいつまでもこたえる。

ことにこちらがこたえるのは、相手がいい気になっているときの傲慢な電話である。たとえば昔の知人からの電話である。こちらの迎合を期待している。こちらはもう迎合を止めて心理的に成長しているのに、まだこちらの迎合を期待して電話をかけてくる。そういうときには、落ち込む。

昔の人と会うときにはリスクがある。

こちらが昔と同じように成長していない場合もあれば、こちらが成長しているのに相手が成長していない場合もある。いろいろのケースがある。

そしてこちらが成長しているのに相手が成長していないときには、相手は昔のままの服従依存の関係を再現しようとする。

たとえば、昔の付き合いは、こちらが相手の慰み者であった。その相手の態度で、こちらの心のなかに昔の感覚が蘇り、不愉快になる。理由はわからないが、なんとなく不愉快になる。

しかし不愉快になったこと自体が、その当時からその人がいかに心理的に成長したかということである。

昔、自信がなくて不安で、相手に迎合して付き合っていたときには、その不愉快さを意識さえしていなかったということである。

その人たちと付き合っていたときには、その不愉快さは無意識の世界で起きていたのである。

淋しいから、不愉快な感情を無意識に追いやって付き合っていた。しかし、今こちらが心理的に成長したから、その無意識の領域で起きていたことを意識できるようになったのである。

相手の言動で落ち込んだときには、悪いことばかりではないことに気がつくことである。

嫌なことは誰でも嫌である。しかしあまりにも淋しくて不安なときには、その嫌なことを嫌と意識していない。情緒的に未成熟な人は、「嫌い」と「孤独」の選択で「嫌い」を選ぶ。

しかし、今嫌なことを嫌と意識できた。それは嫌なことだからもちろん不愉快である。不愉快ではあるけれども昔に比べれば心理的に成長している証拠でもある。自分のなかで無意識の領域が狭くなったこと、それは成長である。

嫌なことを嫌と意識できるのはそう簡単なことではない。昔の仲間と会ったときに嫌なことがある。そういうときに、「昔はこのように嫌なことを嫌と意識できなかったのではないだろうか」と考えてみることである。そして、それを自分の成長と認識することである。

嫌なことを嫌というから喧嘩になる。でも、触れ合う。だから信じられる。こうして信頼関係が生まれる。

人が心理的に成長していく過程ではいろいろなことが起きる。

ときには昔よりも不愉快なことが多いことだってあるかもしれない。ただ心理的に成長していれば、人間関係で理由もなく不愉快な体験をしないようになる。

昔の不愉快な人間関係の体験を今の人にトランスフォームしなくなる。それが心理的自立である。

第3章　私固有の人生をつくる

何をしていても焦っている人

うつ病者の自己憎悪の激しさは、実は周囲の人への憎悪の激しさである。

「苛酷な自己批難や残酷な自己蔑視などは、根本的には対象に向けられたものであり、対象への復讐を表しているということはうつ病の分析から得られる［註37］」とフロイトは指摘するが、その通りである。

自分が本当に憎悪しているのは自分の近くにいる周囲の人であるということを意識にのせないかぎり、終わりなき憂鬱が消失することはない。

抑制型の人は周囲の人への憎しみを意識できなかったり、意識しても表現できなかったりする。その結果、さまざまな間接的表現となって日常生活に表れてくる。忘れていた屈辱の体験、悲惨な体験を意識化して再体験する。そうして真の憎しみの対象にたどり着く。

小さい頃からの怒りと、恐怖の体験を意識化し、再体験することで、自分の心の底にどれほどの悲惨な感情的記憶があるのかを理解できる。

そして自分がその悲惨に耐えたことを理解する。その耐えた自分を理解する。「これが自分の人生だった」と理解し、受け入れる。それが、充足を知った人生へのスタートである。

理由がわからないままにいつも焦っている人がいる。憎しみの対象がわからないままに、見当違いな者に復讐している。

焦るまいと思っても心は焦っている。それは、何をしていても本当にするべきことをしていないということを心の底で知っているからである。

無意識の必要性が、今の自分は「本当の自分」ではないということを自分に知らせている。それが焦りの心理である。

「本当の自分の感情」から目を背けていれば、自我の確立どころの騒ぎではない。ただ生き延びるために必死だ。

どうしてもたどり着けなかった目的地にたどり着くまでは、焦りは消えない。

自分の心の探訪のすえに、憎しみの対象にたどり着く。そのときが、心の救済がスタートするときである。

それは今までたどり着けそうでいながら、どうしてもたどり着けなかったところにたどり着けたときである。

たどり着けそうで着けない箇所にたどり着けた、それが真の固有の自我の誕生である。

「人生を変えるには決断が必要である、行動が必要である」と言っても、「本当の自分の感情」から目を背けていれば、それらの言葉はただの戯言《たわごと》になる。

精神的死をもって人生をはじめた人

「私は精神的死をもって人生をはじめた」というギャンブル依存症者がいたが、その人と同じなのがうつ病者である。

うつ病者もまた、精神的死をもって人生をはじめた人が多い。

うつ病になるような人はいずれにしても小さい頃に不本意な生き方をしている。そこでその後何を体験しても、それがすでに経験した不快な体験を呼び出してしまう。

ときには、健康な人々が、それを体験すれば楽しい体験ですら、うつ病になるような人の場合はつらい体験になる。そこで周囲の健康な人から見ると、「なんでこんなことがそんなにつらいのか」と理解できない。

彼らは長いことイヤで不愉快な体験をし続けて生きてきたのである。周囲の人がどう感じていたかは別にして、本人には何ひとつ楽しいことがなかった。生きているのはつらいことだけだった。

そして、親である主権的人物との服従依存の関係からすれば、そのつらい体験を強制的に「楽しい体験」と感じなければならず、かつ「楽しい」と過剰に演じ続けなければならなかった。

それが主権的人物との服従依存の関係という意味である。ある体験を「不愉快だ」と感じることは主権的人物の意志に反する。

たとえば、子どもは家族旅行に行くのがイヤである。しかし権威主義的な父親は旅行に行きたい。父親は自分が喜んでいる。

そうなれば子どもは行きたくない旅行を「楽しい」と感じなければいけない。「行きたい」と感じなければいけない。

家族旅行を不愉快と感じることは父親の意志に反する。許されないことである。だから不愉快な気持ちを抑圧する。

不愉快な体験を常に「楽しい」と感じなければ許されなかった。そこで不愉快な体験を常に愉快と感じて生きてきた。

うつ病者の人生は、もう生きるのがイヤなのに「もうイヤだ」と感じることさえ禁じられている。自殺したいが自殺することさえ禁じられている人生である。いや、自殺したいと意識することさえ禁じられている。

人間にとって悲劇は自然災害だけではない。人的災害もある。人的災害には誰も救済に来てくれない。周りの人はもっと苦しいかもしれないのだから。

憎しみを自我に統合する

世の中には、ひどい人がたくさんいる。「ここまで卑怯な人がいるのか」と驚くこともある。「ここまでいじめられるとは思ってもみなかった」と呆然《ぼうぜん》とすることもある。

大人になると、自分は小さい頃そういういろいろな人に苦しめられたということがわかる。そういうときに、その人たちに激しい憎しみが湧いてくる。小さい頃には無意識に抑圧されていた憎しみが意識にのぼってくることがある。

小さい頃からの隠された憎しみに気がついたときに、どう解決するか。

ロロ・メイなど精神医学者たちは「無意識を意識化して、自我に統合する」と言う。

しかし、無意識を意識化して、自我に統合するとはどういうことであろうか。

憎しみを自我に統合するということは、そういう質の悪い人と関わることが「私の人生だった」と受け入れることである。

悔しいけれども「これが私の固有の人生だった、これらの体験があったからこそ私の固有の人生なのだ」と受け入れることである。

そして復讐のエネルギーを生産的活動に変えることである。

今述べたことを別の言葉で表現すれば、「自己実現すること」である。自己実現のためにがんばる人は自らの心の矛盾に耐えられる。

自分の潜在的可能性を実現しながら生きることが、憎しみを意識化して、自我システムに再統合することである。

無意識を意識化して、自我システムに統合しないかぎり、小さい頃、邪魔者扱いされた子は、生涯その苦しみから逃れることはできない。

大人になって、相手が何かを言う。「そこを掃除したいので、ちょっとどいて」と言われると、「あなたは邪魔者です」という意味にとらえて不愉快になってしまう。頭では違うとわかっても、感情はそうとらえて、傷ついて不愉快になる。

何かで相手が「今日は忙しいな」と言うと、それだけで「あなたがいるから、こんなに忙しくなる」という意味にとらえてしまう。自分が責められていないのに、自分は責められていると感じてしまう。

「今日は忙しい」という言葉が、「あなたは迷惑な存在です、邪魔な人です」という意味になってしまう。

事実、神経症的利己主義の親にとって、小さい頃の子どもという存在は邪魔である。子どもは苦労の種である。まさに子どもは「あなたはいないほうがいい」のである。

ことに自らが心の葛藤をもって苦しんでいる親は、その心の葛藤を解決するために、すべて子どもに責任転嫁をしてしまう。自分の直面している困難をすべて「子どもがいるから」と解釈し、子どもを責める。

したがって小さい頃は、すべての言葉を「私はいないほうがいい存在だ」と考えても、間違いではない。

事実そう扱われた。しかし大人になって状況は変わった。周りにいる人は変わった。人間関係は変わった。それにもかかわらず、その人の認識の仕方は昔と変わらない。体は今にあるけど、心は過去にある。

心理的に自立するとは

小さい頃、他人の感情の責任をとらされて生きてきた。周囲の人から「私が不愉快なのは、お前のせいだ」と責められて生きてきた。

養育者は自分の心の不安定さを子どものせいにした。何かにつけて子どもは責められた。

そうした人間環境のなかで成長すれば、大人になっても、他人の不愉快な気持ちの責任が自分にあると感じるのは当たり前のことである。大人になってもその感じ方は変わらない。心の習慣がすぐに直るわけではない。

そうしているうちに誰かが何かを言うと、それは自分を責めていると感じるようになる傾向が強まる。

すべての単なる意見は単なる意見ではない。すべての意見の背後には、「あなたは迷惑な人間だ」という意味が隠されている。相手が何か言うと「自分が迷惑がられている」と感じてしまう。そこで傷つき、怒る。あるいは落ち込む。

ある人が「落ち着かない」と言う。すると「あなたに急がされている」というように聞こえる。

ある人が「忙しい」と言うのは、その人にとってはあなたがいるから忙しいという意味ではない。それなのにある人が「忙しい」と言うと、怯える。あるいは傷つく。そして不愉快になる。怒る。その怒りを表現できなくて憂鬱になる。

養育者が自己中心的な人で、子どもを邪魔者扱いすることは珍しいことではない。

そこで大人になってから理由もなく怒ったり、落ち込んだりする人が出てくる。

小さい頃、周囲の人から邪魔者扱いされた人は、それを意識化し、新しい現実に自分を適合させないと、生涯その悪い影響から抜けられない。

それから抜けるためには、その人が自分の気持ちに直面して、しっかりと自己分析して、その屈辱感を理解することである。

そうすると、信じられないようなものすごい量の屈辱感が心の底に蓄積されていることに気がつくに違いない。それをきちんと意識化して、小さい頃の周囲の人々に憎しみをもつ。そのうえで、その憎しみを自分の自我のシステムに統合する。

自我システムに統合するとは、その憎しみの感情に自分が支配されないようにするということである。

支配されないようになるためにはそれらの人から、自分が心理的に自立することが必要である。憎しみは憎しみとしてきちんと意識しながらも、その憎しみの感情に振り回されない心の姿勢である。

「こういう人々のなかで成長してきたということが自分の運命なのだ」と、しっかり自分の運命を受け入れる。

憎しみの感情を自分のコントロール下におく。過去と縁を切って、それを自我システムに統合化する。それが「私には私固有の人生がある」ということである。

生産的に生きるとは

生産的に生きるとは、自分の潜在的な可能性を発揮するということである。自分の潜在的な能力を使うということである。

自我価値を防衛することではない。つまり言い訳をしたり、突っ張ったり、責任転嫁をしたりして、「現実の自分」の潜在的な力を使わないことではない。どのような力であれ、自分の力を使う。

生き方の間違っている人は、仕事のためではなく心の不安にエネルギーをとられる。生きることそのことではなく不安からの防衛に生きるエネルギーをとられる。

生産的に生きるとは、一般的な言葉でいえば、自己実現するということである。そうして生きていれば、次第に憎しみの感情から解放されていく。「私は憎んでいません」などと立派な人の仮面をかぶっていては、死ぬまで救われない。

生産的に生きるとは、攻撃性の置き換えをして、お門違いな人に憎しみをぶつけることではない。

本当に憎んでいるのは、小さい頃の養育者なのに、他の権威ある人に反抗する。あるいは弱者をいじめる。

自分を愛してくれる人に甘えて、その人に攻撃性を置き換える。つまりその甘えている人に意味もなく「当たる」。

正義の仮面をかぶって立派な社会運動に参加しても、心理的には意味がない。

本当に戦争反対で反戦運動するのはもちろん素晴らしいが、本当は養育者とか、過去に自分の周りにいた人への憎しみを反戦という正義に置き換えて活動しても、心理的には救われない。

「本当の私の敵は誰なのか？」それを、勇気をもって認めて、その敵と戦うから心理的に救われるのである。

自分を邪魔者扱いした人から受けた屈辱を、他の何かに向けて気を晴らす活動をしても、それは非生産的立派な人になるだけである。

生産的いい人とは、自分の本当の敵と戦う人である。

生産的いい人になれるかなれないかは、自分の本当の攻撃性の対象を意識することである。

自分の人生の価値は、攻撃性の置き換えをしないで、悩みの核心を理解するか、しないかで決まる。

解決する悩みなのに、攻撃性の置き換えやトランスフォームをして解決しない悩みとしてしまう人がいる。

トランスフォームは過去の人への攻撃性を今の人に置き換えていることである。

トランスフォームは、時間を勘違いした攻撃性の置き換えである。

本当の復讐をしないで、他のことをしているから、「こんなことをしていられない」と焦るのである。

焦るからといって何をしていいかわからない。

憎しみを意識化できなければ自我の確立どころの騒ぎではない。生き甲斐どころの騒ぎではない。

そういう人は今までただ生き延びるために必死だった。そういう人間関係のなかに生まれ、そういう人間関係のなかで生きてきたのである。


新しい人間関係のなかで道を探せば活力は生まれる。

生きる道はひとつではない。

「生きる道はひとつしかない」と思ってしまうのは、今生きている道を自分で選んでいないからである。だから苦しい。

そういう人は、ほんのひとつ、ホッとするものを探す努力をすることである。

ひとつうまくいけば、それでいい。「あれ?」と気がつくことがある。

私は一人でここまで、重荷を背負って生きてきた。

もう十分、ここまで一生懸命生きてきたのだから。
もう十分、ここまでがんばって生きてきたのだから。

過去と縁が切れる人

敵意と攻撃性の意識を通して、それを自分の自我システムに統合できるとき、「それは人に活気を与えるエネルギーや精神の源になる。[註38]」

ロロ・メイの著作に次のような説明がある。

アフリカ西部のヨルバランドの土着民と一緒に生活し、研究したレイモント・プリンス博士は、魅惑的な儀礼を挙げている。

儀礼に殺される山羊《やぎ》がいる。その後、狂乱の騒ぎの踊りがある。

性不能の男性が母親の衣装を身につけて、母親であるかのように踊りまくる。[註39]これは母親への過度の依存、それを自我システムに取り入れる儀式である。

私は二十代の半ばに『俺には俺の生き方がある』という本を大和書房から出版してもらった。

それは人には人それぞれの運命があり、それはどうしようもない。その与えられた運命のなかで、人が自分をどう見るかを無視して、自分固有の人生を作り上げるという意味である。

「俺には俺の生き方がある」という意味は、「不運、弱点を含めて、これが自分の人生と受け入れる」、そういう意味であった。

意識化の後の統合化。これで意味への意志が生まれる。

自分の意志ではない青春を送る人がいる。周りに流される青春である。だから後で後悔する。

自分の意志ではない壮年を送る人がいる。だから高齢になって後悔する。

自分の意志を捨てて生きれば、成功しても、失敗しても、後悔する。

過去を整理しなければ、本当の意味で先に進めない。自分の今までの心の歴史を辿《たど》り、それを意識化し、過去に別れを告げて先に進む。

とにかく過去の人間関係を整理することが最重要課題である。

ただ闇雲に先に進もうとしても進めるものではない。

過去が自分の心のなかで整理できていなければ先に進めない。

過去が納得できて、過去と縁が切れる。

過去と縁が切れるとは、「ああ、自分はこういう人と付き合ってこう生きてきたのだ、自分はこういう人間だったのか」ということを自分の心のなかで整理することである。そして「私はこういう人間になろう」という目的ができる。それが心の成長でもある。

『ふれあいの法則』（大和書房）に次のように書いた。

何事も一生懸命やったら、あきらめがつく。

やるだけやったら、過去は捨てられる。そして、未来に向かってはばたける。

「地上にいいものあるかなー」と思っていたら、鳥は大空をはばたけない。

過去に執着する鬱の人は、やるだけのことをやっていない。[註40]

私たちはある過去の一時期の体験で、私たちの全生涯を決めてはならない。

私たちの一生は、まさに「生まれてから死ぬまでの」一生なのである。

人生は一時期の体験ではない。

一時期の不幸な体験が生涯再体験され続けることで、自分の生涯を終えてはならない。

一時期の不幸な体験を生涯引きずって生きている人のなんと多いことか。


自我システムに統合するというのが、「人生を積み上げる」ということである。

一歩、一歩人生を積み上げていく。そのためには適切な目的をもつ必要がある。

青年期の課題のひとつは興味の覚醒であるが、その障害になっているものがある。

それは無意識にある蓄積された憎しみである。

壮年になって「好きなことが見つからない」という人は、心理的に青年期の課題を解決できていない。そして心の底に隠された憎しみがある。

適切な目的をもっているということは、比較的に不安がないということである。

つまり比較的に「隠された怒り」が少ない。

新しい自我の形成

神経症は欠乏の病とマズローは言う。[註41] 安全、所属、同一化、親密な愛情関係、尊敬と名誉に関する満たされない願望から生じる。

同一化への願望は人間の基本的欲求である。両親の仲が悪いとその基本的欲求が満たされない。

不和である以上両親のどちらにも頼れないという不安定さがある。その結果、子どもは心の拠《よ》り所をもてない。

人は自分にとって重要な人に同一化して自我を形成していくが、両親が不和だと同一化する人物がいない。

両親が不和である以上子どもは父親に同一化しても、母親に同一化しても居心地が悪い。

自分の周囲の人が自己憎悪している人だとする。その人は周囲の人を軽蔑することで、自分の心を癒していた。つまりあなたは軽蔑されて生きてきた。

自己蔑視している人が親なら、子どもを軽蔑することで、自分の心の葛藤を解決しようとしていた。

だから子どもは常に軽蔑されていた。何を言っても、その言葉の裏には「お前は馬鹿だ」というメッセージが隠されていた。

なんでもない日常生活の言葉の裏に「お前は生きるに値しない」というメッセージが隠されていた。

そうして育てば、大人になって、周囲の人からの好意的な言葉が自分を拒否している言葉に思えてくるのも不思議ではないだろう。

それこそなんでもない「それはこうしたほうがよくできるよ」という親切な言葉も、「お前は馬鹿だ」という意味に受けとってしまう。

そして傷ついて怒りを感じたり、その怒りを抑えて落ち込んだり、苦しむ必要のない劣等感に苦しんだりする。

問題は相手の言った言葉ではなく、その言葉を聞いた人の解釈である。

一般的に心理学の本などに、社会の通念によってできた第一次的自我によって人は生きているという。

それから第一次的自我の死と自らの経験を、自らひとつのまとまりのある新しい自我に形成する。それが第二次的自我の生誕であるといわれる。

第二次的自我こそ真の個性である。こう簡単に説明されても、励まされて成長した人は、真の個性ある自我の確認ができるかもしれない。しかし自然なコミュニケーションのなかで成長できなかった人は、第二次的自我どころの話ではない。

心理的に殺されないで生き延びることが精一杯という人も多い。

心理的な死をもって自分をスタートした人はますます増えている。

教えられた常識そのものの自我ではなく、自ら苦しみ悩んでつくった自らの自我が、個性。これが人格の再構成である。

自我防衛の危機に正面から立ち向かえば、いつか救いはくる。

「お前は生きるに値しない」と言われ続けて、それを自分の運命と覚悟して生きはじめるときに、道は拓ける。

新しい自我の形成は、孤独な戦いを要求する。

生まれてから与えられた破壊的メッセージを乗り越えることが、人間の偉大な創造的行為なのである。

誰でも安らぎを求めるが、不安に耐えられなくなると、人生の意味を放棄せざるを得なくなる。

自己蔑視する人は暗示に弱い

本当は自己蔑視しているから自己栄光化が必要になる。

自分は自分を受け入れていない。自分に絶望している。しかし自己蔑視に直面したくない。そこで「こうありたい自分」と「実際の自分」との乖離が生じる。

無意識で「ありのままの自分」に失望しているから、意識では栄光にしがみついている。この無意識でのしがみつきが、ある些細なことと結び付いて表れてくる。

そしてこの強力な抑圧は生きていくうえで大変な弱点となる。

第一に他人からの言動に影響されやすく、暗示に弱い。その結果マイナスの自己イメージに支配されやすい。

自分が実際の感情で生きていないのだから、自分が自分にとって頼りない。自分にとって自分が頼りないのだから周囲の人の言うことに影響されやすいのは当たり前である。暗示に弱いのは当たり前である。

ラジオの「テレフォン人生相談」に電話をかけてきたり、私のところにメールや手紙をくれる人の多くは、小さい頃の他人の言葉に傷ついている。

四十歳を過ぎてもまだ十五歳のときにクラスの友人に「お前の顔は曲がっている」と言われたことを覚えている。その言葉で二十年以上経っても自信を失ったままでいるどころか、心の傷は歳とともに深刻化している。

別に変わったところのない普通の顔でも「私の顔は醜《みにく》い」と思い込んでいる。私がいくら「普通だ」と言っても納得しない。納得しないというより、納得できない。そして、「自分はこんな顔だから一生自信がもてない」ということを言う。「あなたの顔は普通だ」と何度言っても「だって、高校一年のときに……」と二十年も前の話を持ち出す。

普通の人だって、小さい頃、遊び仲間や家族から同じようなことを言われている。野球をしていてエラーをすれば「お前は、なんでいつもエラーをするのだ」と言われたかもしれない。

しかし、言われたほうがその言葉に一生支配されるわけではない。ある種の人だけが、言われた言葉に一生こだわってしまう。

たまたま言われた「お前はダメだな」という言葉に一生支配される。その言葉に囚われてしまう。そういう人たちは、根底にマイナスの自己イメージをもっている。周りの人と自然なコミュニケーションができていない。

その言われた言葉そのものに問題があるというよりも、その人の成長した過程の、コミュニケーションの環境に問題がある。自分自身の自然な感情を表現することができないコミュニケーション環境で成長したのである。

抑圧のひどい人は、自分自身の感情に自信がもてないでいるから、言われた言葉に深く傷つく。

言葉に傷つく前に、自己イメージが傷ついている。そしてその言われた言葉に囚われてしまう。否定的な暗示にかかってしまう。

周囲の笑い声に敏感な人

小さい頃から、このような隠された怒りをもって何十年も生きてきた人は、その隠された怒りが、ある言葉に結び付いてしまうことがある。

隠された怒りが「僕の頭の格好がおかしい」という考えに、結び付いてしまった人がいる。

彼は電車に乗ると自分を笑う人がいるという。電車で笑った人は、仲間と何か話して笑ったのだろう。この人とは関係ない。しかし、この人は関係があると思い込んでしまう。自己関連妄想である。

さまざまな妄想があるが、そのなかにはその人の「隠された怒り」と結び付いてしまったものが多い。

「とりわけ、いつも叱られてばかりいる子どもは、問題児となったり、親に反抗したりする。ここから親子の断絶が生まれたりもするわけだ。

なかには、〝自分は周囲の人間より劣っている〟という幼児期の劣等感を引きずったまま大人になってしまう者たちもいる。

彼らは、自分を傷つけ、苛立《いらだ》たせるような心の棘《とげ》を内包したまま成長し、成長するにしたがってその棘もまた、彼らの潜在意識に深く食い込んでいくことになる。[註42]」

あるひとつの些細なことに焦点を合わせてその場に適していない過剰反応をする人がいる。

ある人は車の車線が遅いということで、無理に車線変更して事故を起こした。彼は漠然とした不満をもっている。この慢性的不満が、車の車線の問題で出てくる。

自分の運転している車線が隣の車線に比べて進み方が遅い。この不満は欠けていることに意識を集中する。

全体として人生に不満になっている。ものすごい不満がある。その蓄積された不満が、あるひとつのことに焦点を合わせる。

悩んでいる人が想像している以上に、その人には無意識に怒りが蓄積されている。想像もできないほどの怒りが蓄積されている。

過去のことにいつまでもこだわっている人などは神経症的要求の強い人である。

カーネギーは「大鋸屑《おがくず》を引こうとするな」と述べているが、大鋸屑を引くのは神経症的要求の強い人である。自分にとって望ましくないことが起きてしまった、しかしそのことが起きたということがどうしても受け入れられない。

「ああすればよかった、こうすればよかった」といつまでも過去を引きずって生きている。そういう人は実は無意識で人生をあきらめている。

「多くの障害を乗り越え、積極的に自己変革をおこなうことによって、人は成長する。それを知りつつ、自分の目前に起こっている出来事を自己変革のチャンスとしてとらえ、取り組んでいこうとする人は少ない。

そして、平凡でなんの波乱もない人生をよしとする後ろ向きの人生観をもったり、成功した人の境遇を妬んだりしながら、哀れな人生を送ることになる。[註43]」

今までの付き合いから離れるには

アメリカの心理学者デヴィッド・シーベリーの患者が、次のようにシーベリーに言ったことがある。

「これまでずっと色々な重荷を背負いこんできて、ほとほと疲れ果ててしまいました。そんなことをしてもだれのためにもならないし、自分もひどい目にあっている。[註44]」

ではどうすればよいのか。それは、否定的な自己イメージを植え付けた人たちから離れることである。

実際にはすぐに離れられない事情もあるだろう。だからとにかく離れる準備をはじめることである。

今までの人たちと付き合っているかぎり、その言葉の傷は癒えることはない。否定的な自己イメージが健全になることはない。

何十年間も忘れられないでいた言葉を一瞬で忘れようとして忘れられるものではない。自分が思うようにならない人は、抑圧のひどい人である。

とにかく「なぜ自分は否定的な自己イメージの暗示にかかってしまったのか」ということに注意する。そして、どうしても否定的な自己イメージに囚われてしまう人は、自分の抑圧の源泉を探すことである。

誰との関係で、自分は本当の自分の感情を無意識に追いやったのか。どういう人間関係の環境のなかで自己否定的なイメージをもってしまったのかという源流を探し当てなければならない。

その人たちは相手を否定することで、自分の心の傷を癒している種類の人間だったのかもしれない。

今、「私はそういう人たちの餌食になっていた」と気がつくことである。

ベラン・ウルフの言葉を待つまでもなく、悩みは昨日の出来事ではない。

今の人間関係の困難は、過去の人間関係の未解決な問題が原因である。

どのような人間関係で成長したかを反省する。反省とは過去の行動の反省ではない。なぜ自分は今、この感情をもったか？

解決を焦っているから、その場だけの解決に走る。

だからこれからは時間をかける。体験を変えようとしてはいけない。体験の解釈を変えようとする。

ある教授は、大変な業績があるのに深刻な劣等感に悩まされている。日本の大学ばかりでなく外国の大学でも活躍している。しかし、「いつも気持ちが落ち着かない」と言う。

その原因はなんと大学受験のときに浪人して、周囲の人から寄ってたかって「浪人したお前は価値がない」と軽蔑されたことだった。

だが、彼はそのことに気がついて救われた。

蔑視すべきはこちらではなく、彼を蔑視した周囲の人であると思いついたときに、彼は救われた。

蔑視されるべきは、周りの友人知己であって、「僕ではない」と理解したときに、彼は救われた。

おわりに

過去が今を生きることに対してどのくらい悪影響を及ぼすかということについてよく理解することがいかに大切かを書いてきた。

今の自分の不愉快な感情と本当の原因とがつながったときに、気持ちはスッキリする。つまり、この本で説明した「攻撃性の置き換え」と「トランスフォーム」に気づくことができれば、心身の健康に役に立つ。

心理的に健康で生きるためには、自分のことに注意を向け、症状や感情を的確に知ることが大事である。つまり「攻撃性の置き換え」や「トランスフォーム」をよく理解することである。

それは過去の人間関係の正しい理解である。

自分が傷つけられた体験のコンテクストを理解する。それがアメリカの心理学者ロロ・メイのいう不安の積極的解決である。
それを理解しない人が、囚われに基づいた感情で生きている。

あらゆる意味で今の自分は過去の集積である。
悩むことの真の原因は「整理されていない過去の体験」なのに、今の目の前の問題で悩んでいると思っている。悩むような心で生きているからすぐに悩んでしまうのである。

今までの人生のなかで悩むような心ができ上がっている。年齢が上がれば上がるほど、今の刺激に過去の社会的枠組みで反応する。学習したコンテクストはより深く内面化される。

神経症的傾向の強い人に囲まれて成長した人は、優しい人の励ましの言葉にも怒りで反応することがある。誤解も甚だしい。

大人になっても小さい頃の神経症者からの侮辱が血肉化されてしまっている。体は今にあっても、心は過去にある。

今を生きるとは、今の刺激に反応することである。学習した過去の社会的枠組みで反応するのではない。信じられる人には信じられる人に対するような反応をする。ロロ・メイのいう意識領域の拡大とは、今の刺激に今の反応をし続けることである。

今までの自分の意識領域を広げることで、今の現実に反応できるようになる。現実に接することが意識領域の拡大であり、心の健康である。

この本の内容を要約すれば「現実に接する」と「今を生きよ」の二つである。「攻撃性の置き換え」や「トランスフォーム」をしていれば、自分の状況を正しく理解し、困難に対処することはできない。

この本も今までの本と同様に三輪謙郎氏にお世話になった。貴重なアドバイスをいただいいた。

註

1 ロロ・メイ著、小野泰博訳『不安の人間学』誠信書房、237頁
2 ドラード等著、宇津木保訳『欲求不満と暴力』誠信書房、14頁
3 前掲書、57頁
4 前掲書、61頁
5 前掲書、58頁
6 前掲書、59頁
7 霜山徳爾訳『フランクル著作集5 神経症 その理論と治療II』みすず書房、122頁
8 朝日新聞、2006年6月25日 朝刊
9 G・W・オルポート著、原谷達夫/野村昭訳『偏見の心理 下巻』培風館、99頁
10 霜山徳爾訳『フランクル著作集5 神経症 その理論と治療II』みすず書房、41頁
11 河合隼雄『コンプレックス』岩波新書、26頁
12 デヴィッド シーベリー著、加藤諦三訳『自分に負けない生き方』三笠書房、222頁
13 Daniel Goleman, Emotional Intelligence, Bantam Books, 1995, p.205
14 ibid., p.205
15 ibid., p.205

16 ibid., p.205
17 ロロ・メイ著、小野泰博訳『不安の人間学』誠信書房、２４１頁
18 前掲書、２４１頁
19 前掲書、57頁
20 前掲書、２４１頁
21 前掲書、１１３頁
22 Manes Sperber, Masks of Loneliness: Alfred Adler in Perspective, MacMillan Publishing Company, 1974, p.179
23 ibid., p.182
24 ibid., p.180
25 ibid., p.180
26 ibid., p.180
27 ジョージ・ウェインバーグ著、加藤諦三訳『プライアント・アニマル』三笠書房、１００頁
28 Frieda Fromm-Reichmann, Principles of Intensive Psychotherapy, The University of Chicago Press, 1960, p.4
29 ibid., p.4
30 ibid., p.64

31　シェリー・カータースコット著、加藤諦三訳『こうすれば人間関係がラクになる』ダイヤモンド社、3頁
32　前掲書、91～92頁
33　宮本忠雄訳『フランクル著作集3　時代精神の病理学』みすず書房、55頁
34　前掲書、72頁
35　ユルク・ヴィリィ著、中野良平／奥村満佐子訳『夫婦関係の精神分析』法政大学出版局、7～8頁
36　ジョン ボウルビィ著、黒田実郎／岡田洋子／吉田恒子訳『母子関係の理論Ⅱ　分離不安』岩崎学術出版社、２２２頁
37　井村恒郎訳『フロイド選集〈第4巻〉自我論』日本教文社、１３９頁
38　ロロ・メイ著、小野泰博訳『愛と意志』誠信書房、１８４頁
39　前掲書、１８１頁
40　加藤諦三『ふれあいの法則』大和書房、１５３頁
41　アブラハム・H・マスロー著、上田吉一訳『完全なる人間』誠信書房、60頁
42　デニス・ウェイトリー著、加藤諦三訳『成功の心理学』ダイヤモンド社、40頁
43　前掲書、41頁
44　加藤諦三訳『心の悩みがとれる』三笠書房、１８０頁

本作品は小社より二〇一九年一月に刊行されました。

加藤諦三（かとう・たいぞう）

社会心理学者。1938年、東京生まれ。東京大学教養学部教養学科を経て、同大学院社会学研究科修士課程を修了。早稲田大学名誉教授。元ハーバード大学ライシャワー研究所客員研究員。日本精神衛生学会顧問。

ニッポン放送「テレフォン人生相談」のパーソナリティを半世紀以上にわたり務めている。2009年、東京都功労者表彰を受賞。2016年、瑞宝中綬章を受章。

『俺には俺の生き方がある』『安心感』『自分の構造』など社会心理学に関する著書多数。海外へ翻訳されている著作は約100冊に及ぶ。

だいわ文庫

平気《へいき》で他人《たにん》を攻撃《こうげき》する人《ひと》たち

著者　加藤諦三《かとうたいぞう》

二〇二五年三月一五日第一刷発行

発行者　佐藤 靖

発行所　大和《だいわ》書房
東京都文京区関口一－三三－四 〒一一二－〇〇一四
電話 〇三－三二〇三－四五一一

フォーマットデザイン　鈴木成一デザイン室

本文デザイン　奥定泰之

本文印刷　厚徳社

カバー印刷　山一印刷

製本　ナショナル製本

ISBN978-4-479-32123-1

乱丁本・落丁本はお取り替えいたします。

https://www.daiwashobo.co.jp